# 보통 엄마의 책 쓰기

# 보통 엄마의 책 쓰기

김미선 지음

지금 당장 잘 쓰지 않아도 괜찮아요,
당신 이야기는 책이 될 자격이 있어요.

행복우물

## 여는 글

당신에게 조언을 해주고 도와줄 사람은 아무도, 아무도 없다.
방법은 오직 한 가지뿐이다. 자신의 내면으로 들어가라.
자신을 글쓰기로 이끄는 동기를 찾아내라. 그 동기의 뿌리가
자신의 마음속 가장 깊숙한 곳까지 뻗어 있는지 살펴보라.
글쓰기가 자신을 거부하면 죽음이라도 불사할 것인지 생각하라. 이 모든 과정 전에, 조용한 밤 혼자 자문하라.
나는 반드시 글을 쓸 것인가?

▸ 라이너 마리아 릴케

\*

 책이 나왔다고 하면 주변 분들에게 보통 3가지 질문을 받습니다.

"책을 어떻게 쓴 거야?"

"돈 주고 만든 거야?"

"출판사에는 어떻게 연락했어?"

질문에는 아이 둘 키우는 지극히 평범한 엄마가 '어떻게 책을 썼을까?'하는 궁금증과 '저 사람도 썼으면 나도 쓸 수 있지 않을까?' 하는 기대심이 담겨있을 것입니다. 누구나 자기 이름으로 된 책 한 권 쓰고 싶은 버킷리스트는 마음속에 품고 있을 테니까요. 이 책은 내세울 것 없는 보통 엄마인 제가 원고를 쓰고, 출판사에 연락하고, 계약 진행하는 법, 책이 출간되고, 그 이후의 홍보 활동까지 낱낱이 풀어 쓴 글입니다. 제 책을 받아본 분들이 궁금해 하셨던 그 미스터리한 과정에 답한 글이 또 한 권의 책이 되었습니다.

이 글을 쓰기까지 저를 가로막았던 내면의 소리는 딱 하나였습니다. '나는 베스트셀러 작가도 아닌데 '책 쓰기' 책을 쓸 자격이 있을까?' 스스로 던진 질문에 답을 찾았습니다. 노래나 춤을 배우고 싶은 사람들이 모두 지드래곤, 임영웅, 아이유 같은 대가수를 찾아가 음악을 배울 수는 없습니다. 책 쓰기도 마찬가지입니다. 유명 작가에게 배우는 책 쓰기는 물론 큰 도움이 됩니다. 하지만 허들이 너무 높습니다. 초등학생이 빌 게이츠에게 컴퓨터를 배운다고 바로 컴퓨터

고수가 될 수는 없습니다. 본인에게 맞는 단계를 찾고 눈높이에 맞는 배움이 필요합니다. 만약 책 쓰기에도 단계가 있다면 이 책을 든 여러분은 이제 막 시작하는 '책 쓰기 왕초보'이셔야 합니다. 저는 보통 사람도 충분히 책 한 권 쓸 수 있다고 외치는 '책 쓰기 초보 옆집 언니'일 뿐 입니다. 뛰어난 전문가보다 때로는 동네 언니에게 배워야 쉽게 시작할 수 있습니다. 전문가가 왕초보의 실수를 한심하게 쳐다 볼 때, 초보 옆집 언니는 '나도 처음엔 너보다 더 못했어. 그래서 네가 지금 힘든 거 잘 알아.'라고 공감하며 다정한 위로를 건넬 수 있습니다. 저는 여러분에게 책 쓰기의 특별한 기술 보다는 당신도 책을 쓸 수 있다는 마음을 심어주는 역할을 할 것입니다.

평범함도 무기가 되는 시대입니다. 지극히 평범한 저도 해냈습니다. 여러분도 책 쓰기에 꿈을 가지고 있다면 지금 시작해 보라고 권하는 간단하고 쉬운 가이드 책을 만들고 싶었습니다. 너무 두꺼워서 질리지 않고, 너무 어려워서 읽을 엄두도 나지 않는 그런 책 말고요. 쉽고 간단해서 '어? 이 정도면 나도 한 번 써볼까?' 하는 하찮은 마음이 생기는 그런 책 말입니다. 저는 글쓰기, 책 쓰기에 특별한 기술을 가진 사람은 아니지만, 단 한 사람이라도 책 쓰기의 길로 방향을 안내하는 '책 쓰기 메신저'가 되는 꿈을 꿉니다.

1장에서는 보통 엄마가 책을 쓰는 이유를 소개합니다. 2장에서는 초고 쓰는 법에 대해, 3장에서는 단단한 글쓰기를 위한 몇 가지 방법을 소개합니다. 4장에서는 출판사 투고부터 홍보까지, 그리고 마지막 5장에서는 보통 엄마에서 작가가 된 이후의 삶을 기록했습니다.

 영화 말모이에서 "한 사람의 열 걸음보다 열 사람의 한 걸음"이라는 문장이 제 마음에 크게 울렸습니다. 덕분에 이 책을 쓰게 된 이유가 좀 더 명확해졌습니다. 혼자 멀리 가는 것보다 주변에 한 사람이라도 손잡고 천천히 나아가는 것이 나의 행복, 타인의 행복, 결국 우리 모두의 행복이라는 것을 마음 깊이 새겼습니다.

 <u>"희망도 절망도 없이, 매일 조금씩 써라."</u> 덴마크 출신 작가 이자크 디네센이 남긴 문장입니다. 제가 책 3권을 쓰면서 수없이 찾아온 고비마다 마음에 새기던 문장이기도 합니다. 그 흔적으로 나온 이 책이 여러분의 책 쓰기 메신저가 되어드리겠습니다. 당신의 마음속에 고이 접어두었던 '책 쓰기 꿈' 한 페이지가 살며시 펼쳐지기를 간절히 바라봅니다.

차례

여는 글 04

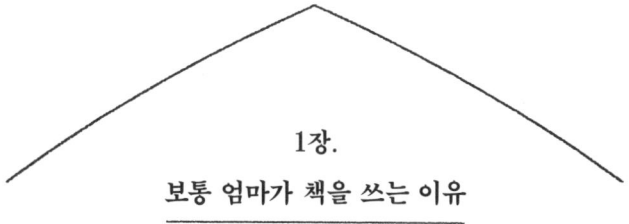

# 1장.
## 보통 엄마가 책을 쓰는 이유

| | |
|---|---|
| 보통 사람이 책 쓰는 시대 | 15 |
| 심리적 안전 기지가 필요해요 | 20 |
| 마음 치유하기 | 23 |
| 은혜 갚는 까치의 마음으로 | 32 |
| 엄마에게도 명함이 필요해 | 36 |
| 글 쓰는 뇌 | 40 |
| 인풋 VS 아웃풋 | 47 |
| 선명한 관점 | 51 |
| 세상과의 소통 | 55 |

## 2장.
## 보통 엄마가 초고 쓰는 법

**주제** • 나에 대한 탐구　　　　　　　61
**자료** • 다다익선　　　　　　　　　67
**목차** • 기획자가 되어 보세요　　　74
**시간** • 루틴 만들기　　　　　　　78
**대상** • 독자 설정하기　　　　　　84
**완성** • 3단계 글쓰기　　　　　　　87
**형식** • 통일감을 주세요　　　　　92
**초고를 완성했다면** • 잠시 멀어지세요　96

## 3장.
## 보통 엄마가 글쓰기 레벨 업 시키는 법

글쓰기 근력 기르기　　　　　　　101
필사로 예열하기　　　　　　　　104
용기 한 스푼, 공개 글쓰기　　　　109
'악플' 현명한 대처법　　　　　　113

메모의 힘 117
메시지를 선명하게 121
빛나는 문장을 위해 123
꾸준히 글 쓰는 법 129
책 쓰기에 도움을 준 책 134
독자의 욕망 탐구하기 138
팔리는 책 분석하기 140

# 4장.
## 보통 엄마가 투고부터 홍보하는 법

**첫인상** • 출간 계획서 작성하기 149
**다양한** • 출간 방식 156
**출판사** • 선정하는 법 161
**투고** • 메일 보내기 165
**언제쯤 연락이 올까?** • 끝없는 기다림 170
**신중히** • 계약 진행하기 173
**인내로** • 퇴고하기 176

| **반할만한** • 표지 선택하기 | 185 |
| **덤덤히** • 저자 소개 | 189 |
| **철판 깔고** • 홍보하기 | 192 |

## 5장.
## 보통 엄마 작가의 탄생

| 서점, 도서관에서 내 책을 만나는 기분 | 201 |
| 후기는 사랑을 싣고 | 203 |
| 콘텐츠가 쌓이면 브랜드가 됩니다 | 206 |
| 해낸 사람 효과 | 210 |
| 계속 쓰겠습니다 | 213 |
| 글쓰기로 돈 벌기 | 218 |
| 무의식을 바꿔야 인생이 바뀝니다 | 226 |
| 내 꿈은 글 쓰는 할머니 | 229 |

맺는 글 232

# 1장. 보통 엄마가 책을 쓰는 이유

# 보통 사람이 책 쓰는 시대

인생이 끝날까 두려워 마라
시작조차 하지 않을 수 있음을 두려워하라

▶ 그레이스 한센

책 쓰기에 대한 오해에는 크게 두 가지 설이 있습니다. '특별하고 잘난 사람만 책을 쓸 수 있다.'는 선 긋기 설과, '책을 쓰면 인생이 180도 변한다.'는 판타지 설입니다.

## { 잘난 사람만 책 쓰는 시대는 갔다 }

첫 번째, 특별하고 잘난 사람만 책을 쓴다는 오해부터 풀어보겠습니다. 예전에는 공부를 많이 한 학자, 돈 잘 버는 부자, 위대한 업적을 남긴 사람들이 책을 썼습니다. 요즘은 훨씬 다양한 사람들이 책을 씁니다. 어떤 책을 보면 '에이. 이 정도면 나도 쓰겠다.'라는 생각도 듭니다. <u>자신만의 확고한 생각이 있고, 세상에 펼칠 용기만 있으면 그야말로 누구나 책을 쓸 수 있는 시대가 온 것입니다.</u>

'개나 소나 책 쓰는 시대가 되었다.'는 말이 처음에는 책을 쓸 자격도 갖추지 못한 사람도, 돈만 주면 아무나 책을 쓴다는 의미로 들렸습니다. 저 또한 신춘문예 등단이라는 정식 절차를 거치지 않고 책을 낸 한 사람으로 찔리는 구석이 있었습니다. 하지만 이제 문장을 다시 해석하려고 합니다. '<u>지금이야말로 누구에게나 책 쓸 기회가 열려있는 시대가 되었다.</u>'는 개방적 의미로 말입니다.

이 글을 읽고 있는 여러분은 어쩌면 마음속 깊은 곳에 '언젠가 내 이름으로 된 책 한 권 쓰고 싶다.'는 소망을 가진 분일지도 모릅니다. 하지만 그런 마음을 누군가에게 내보였다가는 '네가 무슨 책을 써? 책은 아무나 쓰는 줄 알아?'라는 주변의 차가운 반응에 책 쓰기 로망은 마음속 깊은 곳에 꽁꽁 숨겨두었을 것입니다.

우리 주위에 책 쓰는 사람들이 점점 많아집니다. 버스 기사 아저씨가 쓴 책, 청소 일을 하면서 쓴 책, 퇴사하고 쓴 책, 90세 할머니가 그림 또는 글씨를 배우면서 쓴 책, 정신과 치료를 받으면서 쓴 책, 막노동 일을 하면서 쓴 책, 평범한 가정주부가 쓴 책. 예전에는 책과 거리가 멀어 보이는 사람들도 이제는 글을 쓰기 시작했습니다. 그중 평범한 가정주부로서 아이 키우며 책을 쓴 사람이 바로 저입니다.

글쓰기와는 거리가 먼 삶을 살다 책을 쓰게 된 그들에게는 특별한 글쓰기 유전자가 있었던 걸까요? 물론 있었을지도 모릅니다. 하지만 그들은 오랫동안 글쓰기 유전자의 혜택을 누리지 못하고 살아왔습니다. 어쩌다 글을 쓰게 되었고, 꾸준히 쓰다 보니 책까지 완성하게 되었을 것입니다. 물론 저도 그렇습니다. 글쓰기와는 전혀 다른 일을 하며 살아오다 엄마가 되고 나서 책 쓰기를 시작했습니다. 글쓰기 금수저 유전자를 타고 나야 책을 쓸 수 있는 건 아닙니다. <u>글쓰기 보통 유전자도 마음만 먹는다면 반짝이는 책 한 권 쓸 수 있습니다.</u>

우리는 신춘문예에 도전해 상을 받고 싶은 게 아닙니다. 문학, 소설, 시 분야에서 뛰어난 성과를 내고 싶은 것도 아닙니다. 여러분과 저에게 책 쓰기는 <u>그저 내 안의 이야기, 내가 세상에 전달할 수 있는 메시지를 구체화시키는 작업입니다.</u> 어려움은 당연히 있습니다. 하지만 책 쓰기를 향한 시도는 편하고 가볍게 하면 됩니다. 잘난 사람의 어려운 글보다 나와 비슷한 사람이 쓴 글에 더 공감할 수 있습니다. 평범한 당신의 글을 기다리는 사람도 분명히 어딘가에 있습니다.

책 쓰기는 내 안에 품은 메시지를 독자의 마음까지 전달하는 것이 가장 중요합니다. 즉 콘텐츠가 생명입니다. 좀 있어 보이고 아름다운 문장을 만드는 것은 우리에게 필요한 게 아닙니다. 우리가 해야 할 일은 좀 더 쉽고 독자가 잘 이해할 수 있도록 자료를 수집하는 일입니다. 독자에게 더 가까이 다가가기 위해 메시지를 뾰족하게 만드는 일입니다.

### { 책을 쓰면 인생이 변한다는 환상 }

책 쓰기에 대한 두 번째 오해는 책을 쓰면 인생이 드라마틱하게 변할 거라는 환상입니다. 물론 저도 첫 책을 준비하면서는 부푼 마음을 가졌습니다. 보통 사람이던 제 인생이 화려하게 변할 줄 알았습니다. 작가의 길에 올라 어화둥둥 강연도 다니고, 사인회도 다니고, 지금과는 완전히 다른 삶을 살게 될 줄 알았습니다.

하지만 현실을 직시하기까지는 그리 오랜 시간이 걸리지 않았습니다. 책이 '짠'하고 세상에 나왔지만, 나오든 말든 사람들은 별 관심이 없었습니다. 책 두 권을 썼지만 저는 여전히 글에 대한 두려움이 있고, 뭐부터 써야 할지 고민하고 막힐 때가 많습니다. 책으로 돈을 많이 번 것도 아니고, 글쓰기로 일이 구해진 것도 아닙니다. 물론 저를 알아보는 사람도 없고요. 제가 쓴 책이 아직 두 권뿐이고, 그 책이 베스트셀러가 되지 못해서 인생에 변화가 없을지도 모릅니다. 어쨌든 두 권의 책을 썼어도 제 인생은 변하지 않았습니다.

하지만 세상 사람들은 다 몰라도 저는 압니다. 적어도 책을 쓰기 전의 제 모습과 책을 쓰고 난 후의 저는 조금 다른 사람이 되었습니다. 책을 쓴다고 인생이 극적으로 바뀌지는 않았지만 아주 조금씩 분명히 변하고 있습니다. 180도 변하진 못했지만, 1도씩 조금 더 나은 방향으로 나아가고 있다는 걸 느낍니다. 생각을 글로 정리합니다. 내가 알고 깨달은 것을 다른 사람을 위해 공유합니다. 그 마음이 쌓여 단단하게 장착되고 있습니다. 결국 책 쓰기는 꽁꽁 숨겨져 있던 내 안의 선한 영향력을 발견하는 길이었습니다.

# 심리적 안전 기지가 필요해요

결국 필요한 것은 단순히 고독이다.
내면의 위대한 고독.

▶ 라이너 마리아 릴케

### { 빠르게 변하는 세상 }

세상은 우리가 따라갈 수도 없을 정도로 빠르게 변하고 있습니다. 예측은 늘 빗나가고 우리를 위협하는 혼란은 계속 찾아옵니다. 세상이 보여주는 뉴스거리, 남들이 올려둔 하이라이트 사진 또는 영상만 엿보면서 시간을 보냅니다. 결국 '내 인생은 왜 이 모양이지? 나는 왜 저렇게 살지 못할까?' 하는 우울감만 남습니다. 비교하는 삶은 내가 가진 것을 제대로 보지 못하고, 나를 더 초라하게 만듭니다. 그러다 보면 세상에서 가장 불행한 사람이 되고 말지요.

### { 심리적 안전 기지 }

육아 서적을 보다가 '심리적 안전 기지'라는 단어가 눈에 띄었습니다. 아이들에게 놀이가 '심리적 안전 기지'가 되어주듯 어른인 저에게도 '심리적 안전 기지'가 필요했습니다. 부모님께 기대기엔 너무 커버렸고, 친구들은 각자의 생활이 있습니다. 남편은 회사 일과 술에 찌들어 저를 이해해 주지 못했습니다. 아이를 키우면서 기댈 곳 없었던 저에게 <u>책과 글쓰기는 '심리적 안전 기지'가 되어주었습니다.</u> 거창할 필요는 없습니다. 그저 내 마음을 내려놓고 편히 쉴 수 있는 곳. 지친 마음을 달랠 수 있는 곳. 언제라도 나를 받아 줄 수 있는 곳. 있는 그대로의 나를 기다려주는 곳이 있다는 건 큰 위안이 됩니다.

### { 온전히 나와 마주하는 시간 }

 글쓰기를 하면서 가장 좋은 점을 꼽으라면 온전히 나와 마주하는 시간을 가질 수 있다는 점입니다. 책과 글쓰기가 없었다면 제 삶은 어떤 모습이었을까요? 아마 지금보다 훨씬 피폐하고 건조한 삶이었을 것입니다. 세상에 끌려 다니고 남들이 최고라고 말하는 게 제가 원하는 삶으로 착각하고 살았겠지요. 하지만 나와 마주하는 시간이 늘어날수록 제가 진정으로 원하는 것을 찾게 되었고, 인생을 주체적으로 살아가는 힘이 생겼습니다. 늦었지만 지금이라도 <u>나와 마주하는 시간을 소중히 여기고 내면의 소리에 귀 기울이는</u>

사람이 되어 정말 다행입니다.

# 마음 치유하기

산다는 건 서서히 태어나는 것이다.

▸ 생텍쥐페리

 살면서 제가 가장 힘들었던 건 마음의 평온을 유지하는 일이었습니다. 예전의 저는 조금만 불편한 일이 생기면 쉽게 짜증내고 토라지며 화를 냈습니다. 그것도 가장 가까운 사람에게 말이지요. 이제는 마음이 불편해질 조짐이 보이면 '아. 또 올 것이 왔구나.'라고 일단 받아들입니다. 노트를 꺼내 왜 불편한 마음이 들었는지 천천히 써 내려갑니다. 글쓰기는 내면을 객관화해주는 동시에 마음을 노트 위에 꺼내는 그 행위 자체로 치유 효과를 줍니다. 일단 펜을 들고 마음을 글로 옮기는 순간 마음속에 가득 찼던 불쾌감이 종이 위로 조금씩 비워집니다.

## { 상처받은 아이 만나기 }

낮은 자존감은 스스로를 자꾸만 괴롭혔습니다. 어린 시절부터 내성적이었고, 무슨 일에도 '나는 잘하는 게 없어.' '나는 절대 못해.'라는 부정적인 마인드로 도전하지 못했습니다. 어딜 가든 거의 투명 인간처럼 있는 듯 없는 듯 조용한 존재로 긴 세월을 살아왔습니다. 이제는 제 성향을 존중합니다. 외향적인 그들을 부러워하지도 억지로 관계를 맺으려 노력하지도 않습니다. <u>오히려 노력하는 건 쓸데없는 걱정 줄이기, 긍정적으로 생각하기, 남들의 시선을 지나치게 신경 쓰지 않기입니다.</u>

용기가 없었던 저는 다른 사람에게 고민을 털어놓는 일조차 허락되지 않았습니다. 고민을 털어놓았다가 상대방의 차가운 반응에 상처받을까 두려웠기 때문이죠. 대신 빈 종이에 조용히 마음을 털어놓는 연습을 많이 하다 보니 제 안의 어린 아이는 천천히 성장하고 있었습니다. 여전히 소심하고 두려움 많고 어두운 아이일 때도 있습니다. 하지만 이제 그 아이가 불쑥 나타나도 작은 어깨를 토닥여줄 수 있는 단단한 어른도 제 안에 함께 존재합니다.

유대인으로 아우슈비츠 수용소에서 살아남은 정신 의학자 빅터 프랭클은 가진 것을 모두 빼앗기고 최악의 상황에 놓인다 해도 우리에게는 절대 빼앗길 수 없는 한 가지가 있다고 했다. 그것은 그 상황을 어떻게 받아들일까에 대한 우리 자신의 선택권이다. 즉 아무것도 할 수 없는 상황이라고 해도 우리에게는 선택권이 있다. 무기력하게 누워서 천장만 보고 살 건지, 일단 밖에 나가 할 일을 찾아볼 건지 선택할 권리가 있다는 말이다.

▸ 김혜남, 『만일 내가 인생을 다시 산다면』 중에서

자기 부정에 빠져 있던 저에게 책은 다시 일어설 수 있다는 용기를 심어주었습니다. 과거의 안 좋았던 기억들, 현재의 무기력한 상황에서도 나에게 또다시 선택권이 주어진다고 말해줍니다. 처음엔 '그럴 리 없다고.' 고개를 절레절레 저었습니다. 문장을 자꾸 들여다보면 조금씩 스며듭니다. 일단 책을 손에 들고 읽고 있는 행위만으로도 상처받은 나를 돌보기 위한 처방전이 됩니다.

## { 부부 싸움은 펜으로 }

좋은 가정을 꾸리고 싶었기에 남편에게 기대치가 높은 아내였습니다. 술을 많이 마신다고, 막말을 한다고, 아이들에게 집착한다고. 매번 남편에게 좋은 말을 해주지 못했습니다. '내가 어쩌다 이렇게 악처가 되었을까?' 후회스러울 만큼 서로에 대한 미움과 서운함은 커져만 갔습니다.

늘 이기적이고 기고만장해 보이던 남편이 무너지는 사건이 있었습니다. 그의 내면에 숨어있던 몰랐던 모습을 보게 되었습니다. 그동안 '자기 상처를 들키지 않기 위해 거칠고 투박한 사람이 될 수밖에 없었구나.'라는 생각이 들었습니다. 그때부터 저도 다른 방식으로 그를 이해하게 되었습니다.

풋풋하던 시절에 만나 어느새 중년 부부가 되었습니다. 이제 싸울 에너지도 소모된 건지, 철이 좀 든 건지, 예전보다 싸우는 일이 훨씬 줄었습니다. 가끔 싸울 일이 생기면 남편에게 벌처럼 쏘아대는 대신 노트에 조용히 혼자만의 혈투를 벌입니다.

연애시절에만 쓰던 교환 일기장도 새로 만들었습니다. 11년 차 부부의 교환일기장에는 '오늘 된장찌개 맛있었어요.', '아이들 봐줘서 고마워요.', '회사 다녀오느라 고생 많았어요.' 등 일상의 소소한 감사들이 쌓이고 있습니다.

### { 아이와 나 분리하기 }

엄마의 심리 상태가 불안하면 아이는 귀신같이 눈치를 챕니다. 불안은 전염이 빠릅니다. 소극적이고 밖에만 나가면 얼음이 되는 아이를 보면서 불안한 마음이 가득 차올랐습니다. 모든 초점을 아이에게 두고 행동 하나하나에 의미를 두었습니다. 달래도 보고 화도 내 보았습니다. 어떻게든 고치려고 노력했지만 쉽지 않았습니다.

몸과 마음이 지쳐갈 때쯤 아이에게서 시선을 돌려 엄마인 나에게 초점을 맞춰보았습니다. 저는 조급한 마음만 있었지 아이를 기다려주는 여유 있는 엄마는 아니었습니다. 아이가 아니라 저부터 바뀌어야 했습니다. 이제는 아이가 한층 자라 언제 그랬냐는 듯 세상을 향해 밝은 미소를 비추고 있습니다. 글을 읽고 쓰면서 비로소 알게 되었습니다.

작은 화분에 씨앗을 심고 물을 주며 길러 본 적 있으신가요? 아이도, 엄마도 우리는 모두 마음속에 작은 씨앗 하나를 품고 태어납니다. 그 씨앗이 어떤 나무로 자랄지는 아무도 모릅니다. 내가 원하던 싹이 아니라고 싹둑 잘라버리면 씨앗은 평생 자기의 인생을 살지 못합니다. 우리는 그저 땅을 고르게 다듬어주고 때가 되면 물을 줍니다. 해를 충분히 비춰주면서 씨앗이 싹을 틔우고 줄기가 자라 자기 모습 그대로 커가기를 응원해 줄 뿐입니다. 그게 부모의 몫이었습니다. <u>아이에게는 아이의 삶이 있고, 엄마는 나의 삶을 살아야 했습니다.</u>

보통 엄마의 책 쓰기

## { 다정한 안부 }

돌이켜 보면 누구에게나 인생에서 바닥을 치던 시기가 있습니다. 몇 번의 고비 중 7년 전, 제 모습을 떠올려 봅니다. 둘째를 출산하고, 새로운 일을 찾겠다며 조리원에서 자격증 시험 준비를 했습니다. 의사 선생님이 회진을 돌면서 "몸 회복해야 할 산모가 왜 아침 일찍 일어나 공부를 하고 있냐."고 의아해하셨습니다. 집으로 돌아와서는 이웃으로 인해 트라우마가 된 사건을 겪어야 했습니다. 집에 있는 게 불안했고, 작은 소리에도 온 신경이 곤두섰습니다. 아이가 칭얼대면 짜증부터 났습니다. 새벽 2시쯤 사이렌 소리처럼 울어대는 아이 소리에 겁부터 났습니다. 큰맘 먹고 시작한 유튜브는 성과도 없이 계속 제자리걸음이었고, 열정은 점점 식어 갔습니다. 신경성과 피로가 겹쳐 면역력도 바닥이 났습니다. 남편과의 싸움은 날로 잦아졌습니다. 일도, 육아도, 사랑도 어느 것 하나 제대로 해내지 못한 구제불능이 되어 있었습니다.

그때 무너지던 일상을 일으키기 위해 했던 3가지 방법이 지금의 제 자리를 지켜주었습니다.

첫 번째, 혼자만의 시간 갖기입니다. 오롯이 나만을 위한 시간을 꼭 가져야 합니다. 좋아하는 책 읽기, 음악 듣기, 운동, 영화나 드라마 보기 등. 혼자만의 시간을 좋아하는 것으로 꽉 채워보세요. 아이 키우면서 혼자 보내는 시간이 사치인 줄로만 알았습니다. 최대한 아이랑 오래 붙어 있는 게 엄마로서 당연한 일인 줄 알았습니다. 하지만 혼자만의 시간으로 에너지 충전이 가득 찼을 때, 그때가 비로소 아이에게 사랑을 나눠줄 수 있는 시간이었습니다. 7년이 지난 지금 그 시절의 저에게 조언을 해줄 수 있다면 책만 너무 많이 읽지 말고, 명상과 운동도 꼭 시작하라고 말해주고 싶습니다. 만약 제가 명상과 운동까지 병행했다면 지금의 저보다 훨씬 건강한 마흔한 살이 되어있을 테니까요.

두 번째, 감정 표현하기입니다. 저는 표현에 참 더딘 사람이었습니다. 부모님께도 친구에게도 가까운 그 누구에게도 속마음까지 낱낱이 다 털어놓는 게 어려웠습니다. 그러면 안 될 것 같았습니다. 어쩌다 술의 힘을 빌리는 날엔 용기가 생겼습니다. '어? 나도 표현할 줄 아는 사람이네? 표현해도 괜찮구나.'라는 안도감이 마음에 조금씩 쌓였습니다. 또 일기 쓰기가 큰 도움이 되었습니다. 일기를 쓰려면 하루 동안 있었던 일을 되감기 버튼 누른 것처럼 쭉 돌려봐야 합니다. 특별한 일이 없어도 괜찮습니다. 반복되는 일상에서도 나와 나누는 시시콜콜한 대화를 이어갑니다. 레몬즙을 처음 마시기 시작한 날, 아이들과 함께 본 영화, 저녁으로 먹었던 떡볶이. 날마다 일기를 쓰면서 내 안에 쌓인 감정들을 하나 둘 털어놓는 연습을 합니다.

세 번째, 위로와 응원하기입니다. 제 책장에는 『어른이 되면 괜찮을 줄 알았다』, 『늘 괜찮다 말하는 당신에게』, 『걱정이 많은 사람을 위한 심리학 수업』, 『마음은 단단하게 인생은 유연하게』처럼 제목만 들어도 마음을 어루만져 주는 심리 치유 에세이가 나란히 꽂혀 있습니다. 스스로를 가둔 감옥에서 부디 해방되길 바라는 마음으로 책을 사 모았습니다.

'창작'과는 거리가 먼 삶을 살다가 글을 쓰고, 영상을 만들면서 창작형 인간으로 살게 되었습니다. 늦은 나이에 시작했고, 재능이 없다는 것도 알고 있었습니다. 한 작품에 집중할 수 있는 환경도 아니었습니다. 남의 시선을 신경 쓰고, 남들과 비교하며 주눅 든 저에게 책은 이렇게 말해주었습니다.

모든 면에서 뛰어나지 않더라도 내가 괜찮은 사람이라는 느낌을 가질 수 있다면, 다시 말해 나의 불완전함을 받아들일 수 있다면 상대적 박탈감에서 벗어나 인생이 편해집니다.
▶ 정두영, 『마음은 단단하게 인생은 유연하게』 중에서

책이 저에게 전해줬던 힘으로, 이제 저도 누군가를 위로하고 응원하는 사람이 되어보려 합니다. 책 쓴다고 제 인생에서 가장 최악이었던 때를 더듬거리며 종이 위에 꺼내보았습니다. 너덜너덜 꺼내진 나를 볕 좋은 창가에 살포시 말려둡니다. 다정한 안부를 물으며 나를 돌보는 사람이 되겠습니다.

## 은혜 갚는 까치의 마음으로

사랑을 할 때 사람들은
다른 어떤 때보다도 훨씬 잘 견뎌낸다.
즉 사랑이라는 이름으로 모든 것을 감내하는 것이다.

▸ 프리드리히 니체

저의 신앙은 너무도 얕았습니다. 필요할 때만 신을 찾았습니다. 그런 제가 두 손 모아 간절히 기도하던 때가 있었습니다. 사막 한복판에 홀로 서서 물 한 모금 찾아 헤매듯 간절했습니다. 제발 이번 한 번만 도와달라고 눈물로 기도했던 순간들. 평생 잊지 못할 제 인생에 접어둔 한 페이지를 소개하겠습니다.

### { 선택적 함구증 }

아이가 남들과 다르다는 걸 알았을 때 저는 제정신이 아니었습니다. 하루 종일 아이 문제에만 몰두했습니다. 혼자 큰 수렁에 빠져 있었습니다. 보통 아이들에게 흔히 있는 문제가 아니었기에 '선택적 함구증'이라는 진단명조차 낯설었습니다. 어디다 물어볼 데도 없고, 묻고 싶지도 않은 답답한 상황이었습니다. 제 마음 안에 불안과 우울로 가득했기에 아이를 향한 시선이 어쩌면 더 짙은 어둠이었을지도 모릅니다.

먼저 인터넷을 검색하며 닥치는 대로 정보를 모았습니다. 유튜브의 영상 자료는 손에 꼽을 만큼 몇 안 돼서 귀했습니다. 하지만 오래전 영상만 붙들면서 불안을 채우기엔 너무 부족했습니다. 제 상황과 맞지 않는 경우도 있었고, 5분에서 10분짜리 영상으로 답을 찾아나가기엔 눈앞에 닥친 문제가 너무 컸습니다. 더 많은 사람들의 이야기를 듣고 싶었습니다. 이 문제를 직접 겪었고, 해결한 사람들의 이야기를 듣고 싶었습니다. 저와 비슷한 아이를 키우는 엄마들의 목소리가 더 궁금했습니다.

그래서 찾게 된 곳이 네이버 카페였습니다. '오늘은 무슨 사연이 올라왔을까?' 매일 밤 아이들을 재우고 어두운 방에 누워 새로 올라온 글을 읽고 또 읽었습니다. 같은 병명을 가진 친구들이 있다는 것만으로도 위안이 되었습니다. 출석하듯 접속했던 카페 글마저 없었다면 긴 터널 같던 그 시절을 버티기 힘들었을 겁니다. 카페에 올라온 글을 읽을 때마다 감사한 마음이 들었습니다. 그 당시 저는 질문 글 하나 올릴 용기조차 없었는데, 치료 과정을 자세히 나눠주신 분들이 참 고마웠습니다. 카페에 글을 남겨준 분들이 저에겐 누구보다 고마운 은인이었습니다. 그 따뜻한 온기가 저도 언젠가 다른 사람들을 위해 글을 공유하고 싶다는 마음을 먹게 했나 봅니다.

### { 간절한 순간에 만난 책 }

카페 글로 울고 웃으며 오랫동안 방황했습니다. 그 무렵 어린 시절 '선택적 함구증'을 겪었던 쌍둥이 자매가 쓴 책이 나왔습니다. 『이제, 하고 싶은 이야기가 있어요』 책 제목을 보고 제 아이가 쓴 이야기라도 되는 듯 뭉클했습니다. 동시에 '이제 됐다.'라는 희망도 생겼습니다. 그 책은 저에게 정말 소중해서 한 장 한 장 넘기는 게 아까웠습니다. 책을 다 읽고 다짐했습니다. 우리 딸도 쌍둥이 자매들처럼 증세가 호전된다면 '선택적 함구증' 아이를 키우는 엄마들을 위한 글을 써보겠다고 말이지요. 언젠가 딸이 허락한다면 그 당시 저와 딸의 이야기를 세상에 나눠보고 싶습니다. 많은 사람들이 찾지 않는 책이라도 괜찮습니다. 저처럼 어딘가에서 한줄기 빛을 찾아 헤매는 누군가에게는 도움이 될 수 있을 테니까요. 책 쓰기는 나 자신과의 소통이자, 세상과 소통하는 길입니다.

<u>세상 어딘가에 나와 같은 아픔을 가진 사람이 있다는 것.
어쩌면 함께 나눌 수 있는 사람들 덕분에 시간을 버틸 수 있는 것 아닐까요?</u> 아직 시작조차 못했지만 은혜 갚는 까치의 마음으로 글을 시작할 날이 꼭 오리라 믿습니다.

## 엄마에게도 명함이 필요해

여자가 소설을 쓰려면 돈,
그리고 자신만의 방이 있어야 한다.

▶ 버지니아 울프

### { 무한 반복의 일상 }

매 끼니를 차리는 일이 얼마나 고달픈 일인지 엄마가 되고 비로소 알았습니다. 쌓인 설거지를 마치고 돌아서면 어느새 또 밥 차리는 시간이 됩니다. 집안일은 끝도 없이 무한 반복되고 생산성도 없어 보입니다. 저는 점점 지쳐갔습니다. 아이나 저 둘 중 하나라도 아픈 날에는 지치다 못해 무너지는 날이 더 많았습니다.

엄마 작가에게 글 쓰는 삶은 그리 녹록지 않았습니다. 집안일은 회사 업무처럼 퇴근이 있는 것도 아니고, 업무와 생활공간이 혼재되어 있으니 집중력이 저하됩니다. 책을 두 권 정도 냈으면 글쓰기 습관이 잡힐 법도 한데 꼭 그렇지도 않습니다. 글을 쓰기로 약속한 시간에 노트북 앞에 앉아 이

메일을 확인합니다. 연락 온 곳도 없는데 휴대 전화에 자꾸 손이 갑니다. 갑자기 밀린 가계부를 쓰기도 하고, 다이어리를 꺼내 일정을 체크합니다. 인터넷으로 장을 보거나 글 한 줄 쓰고 커피를 타러 갑니다. 부엌으로 간 김에 아이들 간식을 챙깁니다. 이제 곧 아이들이 올 시간입니다. 오늘도 글쓰기 소득이 없는 날인가 봅니다. 여전히 가장 힘든 건 한 문장을 시작하는 일입니다.

### { 성취감 쌓기 }

 엄마가 되고 '성취감'이라는 단어와 담을 쌓고 지냈습니다. 11년차 정도 되니 노하우가 조금 쌓였습니다. 성취감은 거대한 목표가 아니라 작은 행동에서 시작됩니다. 청소를 할 때도 '오늘은 대청소를 해야지!'라고 마음먹는 것보다 '오늘은 싱크대 서랍 한 칸만 정리해야지!'라고 만만한 계획을 세웁니다. 해냈다는 성취감도 바로 느낄 수 있습니다.

 매일 글 한 편 쓰기를 마음먹었다면, 그 한 편이 에세이도 좋고, 일기도 괜찮습니다. 양도 중요하지 않습니다. 열 줄, 다섯 줄, 한 줄도 좋습니다. 길다고 꼭 좋은 글은 아니니까요. 하지만 되도록 처음과 끝으로 매듭은 짓고 끝내는 것이 좋습니다. 마침표를 딱 찍는 순간의 성취감이면 됩니다.

그 시간이 날마다 쌓이면 글 한 편에서 시작했던 계획은 어느새 책 한 권이 되어 있을지도 모릅니다.

### { 삶의 목적과 방향 }

목적도 방향도 없이 하루하루 닥치는 대로 살았습니다. 시간은 흐르고 제 모습은 사라지고 없었습니다. 더 정확히 말하면 제가 살고 싶었던 삶이 사라졌습니다. 그제야 무작정 열심히 사는 것보다 방향을 명확히 정하는 것이 더 중요하다는 것을 알게 되었습니다. 저는 매일 글을 쓴다는 명확한 방향을 정했습니다. 그 덕에 육아도, 건강도, 인간관계도 모두 더 나은 방향으로 나아가는 중 입니다.

새로운 사람을 만났을 때 작은 명함 한 장으로 그 사람이 현재 하고 있는 일을 알 수 있습니다. 새로 만난 사람이 작은 책 한 권을 내밀며 '저는 이런 사람입니다.'라고 소개한다면 어떨까요? 갑자기 생긴 후광 효과로 그 사람이 달라 보일 것입니다. 매일 한 장씩 쓴 글로 엮은 책 한 권은 엄마의 삶을 빛내줍니다. 책은 내 삶을 증명해 주는 도톰한 명함이 됩니다. '한 사람이 오는 것은 실로 어마어마한 일이다. 그 사람의 삶 전체가 오는 것이다.'라는 말이 있습니다. 책이라는 명함에는 자신이 갖고 있는 생각, 지금까지의 경험, 삶의 깨달음, 미래로 나아가는 꿈이 담겨있습니다. 그야말로 전문성의 상징이 되는 귀중한 명함 한 권입니다.

 기둥 밑에 받쳐 놓는 돌을 주춧돌이라고 하는데요. 책이라는 도톰한 명함 한 권은 우리가 세상으로 나아갈 주춧돌이 되어줍니다. 튼튼한 주춧돌은 우리를 필요한 곳에 쓰게 하는 수많은 기회를 제공하지요. <u>자신의 이름이 적힌 책은 세상에 내밀 수 있는 가장 가치 있는 명함입니다.</u>

# 글 쓰는 뇌

우리 뇌는 놀라운 기관이다.
아침에 일어나는 순간부터 활동하기 시작해
사무실에 도착하기 전까지 활동을 멈추지 않는다.

▸ 로버트 프로스트

처음부터 글 쓰는 일을 직업으로 삼으려고 글쓰기를 시작한 건 아닙니다. 그만한 능력도 없었고, 다른 어떤 일보다 노력한 만큼 돈 벌기가 어려운 직업이라는 걸 잘 알고 있었습니다. 그럼에도 저는 글쓰기를 놓지 못하고 9년째 글 쓰는 사람이 되었습니다.

### { 관찰의 힘 }

목이 아파 병원에 갔습니다. 환절기라 그런지 아이 환자도 많았습니다. 엄마에게 딱 붙어 있는 아이도 있고, 혼자 돌아다니는 아이, 정수기 앞에서 장난치는 아이. 아이들은 각자의 방식으로 이름이 호명되길 기다리고 있었습니다. 그중 제 앞에 있던 처음 만난 두 아이가 "넌 이름이 뭐야? 몇 살이야? 어디 살아?" 하면서 문답을 주고받았습니다. 잠시 후엔 두 아이가 펼치는 댄스 배틀까지 구경하게 되었습니다. 그 뒤로 엄마 두 분도 전화번호를 교환하고 "조만간 또 만나서 놀아요."라고 말하는 모습을 보면서 저는 〈I 엄마는 모르는 E 엄마들의 세계〉라는 글쓰기 소재를 떠올렸습니다.

원래 앞에 나서는 것보단 뒤에서 조용히 관찰하는 쪽을 더 선호했습니다. 글을 쓰면서부터는 관찰에 조금 더 흥미가 생겼습니다. 어떤 사건을 여러 각도로 관찰하게 됩니다. 다른 사람의 이야기에도 좀 더 유심히 귀 기울입니다. 꼭 글을 쓰려고 관찰하는 건 아닙니다. 그저 길을 걷다 작은 풀꽃을 발견하듯, 자연스럽게 관찰하는 습관이 길러집니다. 그럼 좁았던 세상에서 시야가 조금 넓어진 기분도 듭니다. 또 관찰 모드에서는 사건에서 한 걸음 물러나 객관적으로 바라볼 수 있는 여유도 생깁니다.

{ 사건의 재구성 }

저희 남편은 극 T 성향으로 여러 생각 안 하고 말을 툭툭 내뱉는 편입니다. 저와는 완전 반대 성향이죠. 그날도 남편의 말 한마디로 기분이 상했던 날입니다. 평소 같으면 버럭 화를 내면서 "왜 그런 식으로 말해?" 하고 쏘아붙였을 겁니다. 밑도 끝도 없는 감정싸움을 시작했겠지요. 더 이상 소모적인 감정싸움을 하고 싶지 않았습니다. 먼저 남편이 던진 말에 제가 왜 화가 났는지 생각해 보았습니다. '저 사람은 왜 저렇게 말을 할까?'가 아닌 '나는 왜 저 말에 화가 났을까?'를 먼저 생각해 본 거지요. 마음이 정리되고 나니 상대방에게 차분한 어조로 말할 수 있었습니다. 당신의 말을 듣고 나는 어떤 감정이 들었는지 솔직하게 말했습니다. 쏘아붙이면서 말하지 않으니 남편도 차분하게 제 말을 들어주더라고요. 그날 저희 부부는 다툼 대신 서로에 대해 몰랐던 부분을 하나 더 알아가는 시간을 보냈습니다.

소심한 성격이라 억울한 날이 많았습니다. '아. 그때 이렇게 말했어야 했는데!' 후회만 가득한 바보 같은 날들이었지요. 이제는 글을 쓰면서 상황을 다시 돌려봅니다. '다음엔 이렇게 말해보자!' 다짐도 하고, 시뮬레이션도 해봅니다. 반대로 아이들에게 화내지 않아도 될 상황에서 성급한 성격 탓에 화를 낸 적도 있습니다. 고요한 밤, 아이들이 잠든 모습을 보고 있으면 낮 동안 미안했던 일만 떠오릅니다. 글로 적으면서 반성도 하고, 더 건강하고 행복한 엄마가 되리라 다짐도 해봅니다. <u>생각만 하는 것보다 종이 위에 적힌 선명한 글이 더 강력한 힘을 발휘합니다.</u> 작은 메모지 위에 아이에게 하고 싶은 말을 적어봅니다. '아까 엄마가 화내서 미안해.', '저녁에 좋아하는 카레 해줄게.' 아침에 일어나면 볼 수 있게 책상 위에 두기도 하고, 가끔 필통 안에 넣어두기도 합니다.

### { 평생 변하는 뇌 }

뇌는 우리가 어떤 생각이나 행동을 하느냐에 따라 계속 변한다고 합니다. 반복적인 자극을 통해 뇌신경에 변화를 일으켜 좋은 습관을 만들 수 있습니다. 제게는 글쓰기가 인생을 좀 더 풍요롭게 만들어준 하나의 습관 장치였습니다. 집안일을 끝내고 자연스럽게 노트북을 펼칠 때. 소소한 일상에서 '이거 글로 남겨봐야지.'라는 설렘이 생길 때. 평범한 엄마에서 글 쓰는 엄마 작가의 뇌로 바뀌고 있다는 확신이 듭니다. 일단 글 쓰는 뇌를 장착했다면 다행입니다. 천 리 길도 한 걸음부터 시작하는 거니까요. '나도 쓸 수 있는 사람'이라는 경험을 뇌에 천천히 스며들게 해주세요. 그렇게 우리는 점점 날마다 글 쓰는 사람이 되고, 그러다 보면 어느 날엔 글을 잘 쓰는 사람이 되어있을 겁니다.

뇌 가소성, 즉 뇌 변화의 촉진을 위한 생활 습관 몇 가지를 소개합니다. 첫째, 잘 먹고, 잘 자고, 잘 움직이기입니다. 가장 기본적이지만 지키기 힘든 일들이죠. 휘몰아치는 일상에 건강식 대신 컵라면으로 끼니를 때울 때가 더 많습니다. 헬스장은 이런저런 핑계로 못 간 지 벌써 6개월이 넘어가네요. 그래도 꼭 지키려고 노력하는 건 수면입니다. 마흔이 넘으니 수면 패턴이 깨지면 다음 날 바로 몸에서 신호가 오더라고요. 7시간 수면을 충분히 채워주세요.

둘째, 새로운 분야에 도전하기입니다. 요즘은 다양한 챌린지가 유행인데요. 저는 2025년 새해부터 해 사진 찍기 챌린지를 혼자 진행했습니다. 문 열면 일출이 보이는 집이라 부담 없이 시작했는데요. 그로부터 3개월 뒤 이사를 하고 챌린지는 끝이 났습니다. 결혼 후 첫 집이었던 그곳에서의 해 사진 찍기 챌린지는 오래도록 선물처럼 기억에 남을 거 같습니다. 거창할 필요는 없습니다. 영어 한 문장 읽기도 좋고, 책 한 페이지 읽기도 좋습니다. 스도쿠 문제 풀이도 재밌겠네요. 평소 관심 있던 분야에서 뇌가 꿈틀 반응할 만한 것을 찾아봅시다.

셋째, 적절한 휴식입니다. 2-30대만 해도 '꼭 시간을 내서 쉬어야 되나?' 싶을 정도의 체력과 열정이 있었는데요. 나이 들면서 저절로 알게 되었습니다. 쉬어야 또 움직일 수 있다는 것을요. 저희 부부는 쉰다고 하면서 누워서 휴대폰을 보거나 미뤄둔 드라마, 영화를 보는 걸 즐기는데요. 몸은 누워 있지만 뇌는 끊임없이 일하고 있는 것이지요. 뇌가 쉬려면 하루 5분이라도 명상하는 시간을 가지는 게 좋습니다. 아이러니하게도 복잡하고 바쁜 하루일수록 더 필요한 건 잠시 멈추는 시간입니다.

### { 결과보다 과정 }

아이들을 칭찬해 줄 때 결과보다 과정을 칭찬하라고 합니다. 그 말이 처음에는 이해가 되지 않았습니다. '결과가 꽝인데 과정이 다 무슨 소용이야?'라고 생각했지요. 하지만 인생을 길게 놓고 보면 꼭 그렇지도 않습니다. 원치 않은 결과를 얻었더라도 그 안에서 배울 점은 있었습니다.

시선을 돌려 결과 보다 과정에 중점을 두고 이야기하려고 노력합니다. 예를 들어, 수학 시험을 보고 온 아이에게 "몇 점이야?"라는 말이 불쑥 튀어 나오기 전에, "시험 본다고 어제 자기 전까지 구구단 외우는 모습 멋지더라!"라고 말해줍니다. 미술 작품을 만들어 온 아이에게는 꼼꼼히 색칠한 노력, 어제와 달라진 모습을 찾아 구체적으로 말해줍니다. 아이와 함께 저녁 준비를 할 때도 있는데요. 시간도 오래 걸리고 뒤처리해야 할 일이 훨씬 많이 생기기도 합니다. 그럴 때에도 "계란도 깨주고, 밀가루도 묻혀줘서 고마워."라고 말해줍니다. 엄마의 따뜻한 말 한 마디로 아이를 성장시킵니다.

 저에겐 글쓰기가 그랬습니다. 책 완성이라는 목표를 이룬 순간보다 결국 더 중요한 건 책 쓰기를 향해 한 발짝씩 나아가는 그 과정에 있었습니다. 물론, 책이 베스트셀러가 되는 것은 무척이나 어려운 일이라는 사실을 알고 있습니다. 그러나 책 제목을 생각했던 순간, 그리고 소제목을 떠올리고 한 문장씩 써 내려가던 노력과 경험들은 모두 내면 깊숙한 곳에 나이테처럼 남아 차곡차곡 쌓여갔습니다. 우리의 뇌는 커다란 목표를 이룬 순간보다 과정에서 충분히 보상을 받을 수 있습니다. 결국 여러분은 책 쓰기를 향한 시도 그 자체로 충분히 의미 있는 경험을 하고 있는 겁니다. 진심을 담아 마음 가득 자신을 칭찬해 주세요.

# 인풋 VS 아웃풋

독서는 지식의 재료만 줄 뿐이다.
그 지식을 내 것으로 만드는 건 사색이다.

> ▶ 존 로크

### { 1년에 100권 읽던 책 초보 }

책만 읽던 초보 시절엔 '1년에 100권 읽기'라는 거대한 목표를 세웠습니다. 부지런히 읽기만 했습니다. 읽는 순간에는 책에 적힌 문장들이 모두 내 안에 차곡차곡 쌓이는 줄 알았습니다. 마지막 장을 덮고 나면 굉장한 뿌듯함도 느꼈습니다. 하지만 완독의 기쁨은 그리 오래가지 않았습니다. 나중에 다시 만난 책은 내용도 잘 기억나지 않을뿐더러 '이 책 읽은 거 맞나?' 싶은 의구심마저 들었습니다. 거기다 글을 대충 읽는 저의 몹쓸 독서 습관까지 더해져 그야말로 망한 독서가 되었습니다. 인풋이 아무리 많아도 속은 텅 빈 사람처럼 독서에 배신감마저 들었습니다.

## { 아웃풋 습관 }

그때부터 책을 읽고 느낀 점을 기록하기 시작했습니다. 아무리 읽어도 텅 빈 공간을 제 글로 채웠습니다. 그렇게 남긴 글이 결국 『엄마의 심야책방』이라는 책 한 권으로 아웃풋 되었습니다. 책을 읽고 잠시 멈추고, 생각하고, 쓰는 행위가 없었다면, 지금껏 계속 읽기만 했을 겁니다. 더 많은 분야의 책을 탐색했을지는 몰라도 더 깊어지기는 힘들었습니다. 저의 독서 생활은 살얼음 위를 걷듯 얕고 불안한 상태였습니다.

'책을 읽기만 하면 되지. 굳이 글을 직접 써야 하냐고.' 물으신다면 저는 이렇게 답하겠습니다. 남이 요리하는 걸 구경만 하는 것과 본인이 직접 만들어본 요리는 전혀 다릅니다. 마라톤 중계를 TV로 시청하는 것과 달리기 코스를 직접 달려본 적이 있는 사람도 전혀 다른 사람입니다. 사랑 이야기를 담은 책을 읽은 것과 사랑하는 사람을 만나게 되었을 때의 기분이 얼마나 다른 지 여러분은 잘 알고 계실 겁니다.

저에게 '글쓰기'라는 아웃풋은 책을 읽는 것과는 또 다른 새로운 세계였습니다. 그 경험을 여러분도 직접 해보셨으면 좋겠습니다. 제가 느꼈던 또 다른 책의 세계에 여러분을 초대하고 싶습니다. 책을 읽는 소비자에서 생산자가 되는 경험은 나 자신을 놀라게 하고, 주변 사람을 놀라게 하고, 어쩌면 세상을 놀라게 할 수 있는 힘이 있습니다.

## { 책으로 배운 아웃풋 }

아웃풋을 잘 하고 싶은 마음에 『능동적 아웃풋』이라는 책을 사서 읽었습니다. 촉촉한마케터의 전작 『퍼스널 브랜딩』에서는 본인만의 색깔이 담긴 글을 쓰고, 표현하는 법이 구체적으로 잘 담겨있었습니다. 아웃풋에 대해 고민하던 차에 나에게 딱 필요한 주제를 좋아하는 작가가 쓴 책으로 만나면 기대감도 커집니다. 저는 읽고 쓰는 시간에 비해 제대로 된 아웃풋을 못하고 있어 내심 답답한 마음이 있었습니다. 책을 펼쳐 서문을 지나면 〈자아 포지셔닝 테스트〉가 나오는데요. 테스트를 끝내고 결과지를 확인하던 저는 눈물을 왈칵 쏟고 말았습니다. 작정하고 울리겠다는 소설도 아니고 아웃풋 방법 배워보겠다고 펼친 자기계발서 읽으며 울게 될 줄은 몰랐습니다. 그래서 저자명이 '촉촉한마케터'였을까요? 결과지 중 일부를 소개합니다.

"결국 시행착오를 반복하며 쌓인 경험으로 바라는 것을 얻어내는 서사의 주인공 이미지를 추구하는 당신은 본인의 발자국을 세상에 남길 필요가 있습니다. 매일 쏟아져 나오는 기술, 트렌드 등 '내가 너무 올드한 건가'라고 생각할지도 모르겠어요. 그렇다고 마음을 닫지는 마세요. 새로운 변화에 본인을 조금씩 노출하면서 방향을 지켜보세요."

▶ 촉촉한마케터, 『능동적 아웃풋』 중에서

제가 만든 콘텐츠가 시대 흐름에 맞지 않다고 생각했습니다. 그럼에도 좋아하는 분야가 '책'뿐이었고, 매력적인 콘텐츠를 뽑아낼 능력도 없는 사람이라 답답함을 많이 느꼈습니다. 그런 저에게 '마음을 닫지 말고 당신만의 발자국을 남기면서 방향을 지켜가세요.'라는 조언이 울컥하면서 위로가 되었습니다. 어디서도 듣지 못했던 말이었기 때문입니다. 덕분에 저는 마음의 문을 닫지 않고 느리지만 천천히 글을 쓰고, 영상을 만드는 엄마로 발자국을 남기며 지금도 걸어가는 중입니다.

## 선명한 관점

진정한 여행의 발견은
새로운 풍경을 보는 것이 아니라
새로운 눈을 갖는 것이다.

▸ 마르셀 프루스트

### { 우리 집 동물 박사 }

저희 집 큰 아이는 자칭 타칭 알아주는 '동물 박사'입니다. 저는 마흔이 넘도록 몰랐습니다. 곤충 종류가 수만 가지가 넘는 것, 코끼리의 무게가 얼마인지, 또 차보다 더 큰 고래가 있다는 사실도요. 아이가 주는 동물 정보를 하나씩 접할 때마다 놀랍고 재밌었습니다. 사실 어른이 되고는 먹고 살기 바쁘다는 핑계로 생계와 연관된 분야 외에는 관심조차 가지지 않았습니다. 제발 지구 환경과 생태계에 관심 좀 가지라고 아이를 보내 주셨나 봅니다. 제 아이는 저보다 훨씬 선명한 눈과 마음으로 자연의 곳곳을 지켜보고 배웁니다. 저는 우리 집 동물 박사님을 존경합니다.

## { 행복 연구가 서은국 }

도서관에서 주최하는 '서은국 교수'의 강의를 들으러 간 적이 있습니다. 교수님은 '행복'이라는 분야를 30년 넘게 연구하신 분인데요. 그의 책 『행복의 기원』 마지막 장의 결말은 좀 허무하고 충격적이었습니다. 제가 생각했던 '행복'이라는 단어는 머나먼 미래의 이야기, 이번 생에선 결코 다가갈 수 없는 거대한 무언가인 줄 알았기 때문이죠. 하지만 이 책에서 말해준 행복의 핵심은 달랐습니다.

"사랑하는 사람과 함께 음식을 먹는 것. 그것이 바로 행복이다. 문명에 묻혀 살지만, 우리의 원시적인 뇌가 여전히 가장 흥분하며 즐거워하는 것은 바로 이 두 가지다. 음식, 그리고 사람."

▶ 서은국, 『행복의 기원』 중에서

그때부터 제가 가졌던 '거대한 행복'이라는 벽이 조금씩 깨졌습니다. 요즘은 아이들과 함께 기도하고 밥 먹는 장면을 담은 영상을 한 달에 한 번 업로드합니다. 제목은 〈월간 행복 정산서〉입니다. 이래 봬도 책 소개하는 북튜버인데 저희 남편은 월간 밥상 영상이 제일 좋다면서 계속 찍어달라고 응원합니다. 살짝 자존심 상하지만 꾸준히 남겨보려고 합니다.

강의가 끝나고 '교수님의 소확행은 무엇인지요?' 라는 질문에, '평양냉면을 먹는 것'이라고 답하셨습니다. 궁금증에 강의가 끝나자마자 '평양냉면 맛집'을 검색하며 남편과 집으로 돌아오던 날이 기억납니다. 평양냉면을 좋아하는 그가 오랫동안 연구한 '행복'에 대한 주제는 『행복의 기원』이라는 책에 더 자세히 담겨 있으니 읽어보시길 추천해 봅니다.

## { 흐릿한 삶의 해상도를 높여준 책과 글쓰기 }

저는 누구보다 흐릿한 삶을 살았습니다. 초등학교, 중학교, 고등학교까지 12년을 보내고도 하고 싶은 진로를 결정하지 못했습니다. 누구나 가는 대학이라 점수에 끼여 넣듯 입학을 했습니다. 꼭 가고 싶었던 직장이 아닌, 당장 돈 벌려고 회사에 출근했습니다. 다음 차례는 적정 나이도 되었고, 지금 아니면 더 힘들 것 같아 결혼도 하고 아이도 낳았습니다. 물론 그 시절에 누리던 잔잔한 기쁨도 있었습니다. 하지만 책을 만나기 전까지 제 삶의 해상도는 현저하게 낮았다고 고백합니다.

책을 읽으면서 내 삶의 방향이 잘 못 흐르고 있었다는 걸 깨달았습니다. 글을 쓰면서 나에게 문제가 많다는 것도 알게 되었습니다. 이제는 읽고, 쓰고, 생각하는 걸 반복하면서 제 삶의 해상도를 높이고 있습니다. 하루 중 해상도를 최적으로 높이는 시간은 바로 글 쓸 때입니다. 사진이나 영상으로 남기는 것도 좋지만 글만큼 풍요로운 표현 방법은 없다고 생각합니다. 글은 더 깊은 내면까지 다가갈 수 있는 유일은 통로입니다.

여러분은 어떠신가요? 인생에 선명한 관점을 갖고 있으신가요? 혹시 아직 인생이 흐릿하다면 '글쓰기'를 추천합니다. 한 주제를 깊이 공부한 사람은 티가 납니다. 인생의 한 부분을 정갈하게 다듬어 압축한 가장 해상도 높은 물질 중 하나는 책입니다. 저에게 가장 손꼽히는 보물도 바로 제가 쓴 책입니다. 제 인생에 가장 높은 선명도를 뽐내고 있으니까요.

오늘은 저희 집 동물 박사님께 개미도 잠을 자는지 한 번 물어봐야겠습니다. 곤충 해상도를 1픽셀 올리고 싶은 마음에서요. 여러분의 인생 해상도는 어느 부분에서 빛나고 있나요?

## 세상과의 소통

세상은 모든 사람을 부수고,
일부는 깨진 곳에서 강해진다.

▶ 어니스트 헤밍웨이

### { 육아라는 터널 }

학창 시절에는 선생님이 정해준 반에 소속되어 반강제적으로 친구들과 함께 지냅니다. 사회생활을 할 때도 좋든 싫든 월급을 받으려면 출근을 하고 일하는 사람들과 함께 소통하며 지내야 했습니다. 그렇게 30년을 살아오다 '육아'라는 새로운 세계에 소속되었습니다. 작은 아이의 영문모를 울음과 몸짓을 홀로 해석하고 판단하는 아주 난해한 세계였습니다. 처음엔 조리원, 남편, 주변 어른들의 손길을 받아 지내봅니다. 그러다 아이와 단둘만 남겨진 시간이 옵니다. 마치 세상과 단절된 듯 30년 만에 처음 느껴본 두려움과 설렘의 감정을 동시에 느꼈습니다. 외롭고 어두운 터널 속에 혼자일수록 길고 힘든 시간과의 싸움이었습니다.

### { 응원받고, 응원해요. 우리 }

내향적인 성향이 워낙 강해서 혼자 있는 시간을 오히려 좋아하는 사람이었습니다. 그랬던 저에게도 '육아라는 세계'는 또 다른 외로움이 느껴졌습니다. '한 아이를 키우려면 온 동네가 필요하다.'라는 말이 있는데 '한 엄마를 키우려면 온 동네의 응원이 필요하다.'라는 말이 제게는 더 크게 들렸습니다.

아이를 키우면서 읽었던 책과 글쓰기는 저에게 따듯한 응원군이 되어주었습니다. 특히 '내 아이만 왜 이럴까?' 혼자 고민하던 시절에 『예민한 아이 잘 키우는 법』이라는 책을 만났는데요.

'예민함을 다룰 수 있는 아이로 키우자'는 말은 아이가 지닌 기질을 존중한다는 의미를 포함합니다. '있는 그대로의 네 모습을 사랑할 거야'라는 메시지를 아이에게 전달하는 것이죠. 그렇기에 아이에게 예민함을 다루는 법을 알려 주는 과정에서 아이는 '실력'이 늘 뿐만 아니라 '자기 존중'도 배웁니다. 예민함을 긍정적으로 받아들이고 잘 다룰 수 있는 아이로 키우는 것, 바로 그것이 부모의 역할입니다.

▸ 최치현, 『예민한 아이 잘 키우는 법』중에서

이 책을 읽으면서 아이가 가진 '예민함'에 대해 다시 한 번 생각하게 되었습니다. 저는 아이가 가진 '예민함'을 아예 없애버려야 하는 것, 예민하지 않은 아이로 키워야 한다고 잘못 생각했습니다. 책을 읽으면서 다시 배웠습니다. 아이의 기질인 '예민함'까지도 존중하면서 잘 다룰 수 있는 아이로 키워야 한다는 것을요.

내 아이만 예민한 줄 알았습니다. 혼자라고 생각했던 육아 세계에서 마음을 토닥여준 책입니다. 책을 읽고 글을 쓰면서 나를 만나는 시간을 가져보세요. 나와의 대화는 곧 세상과의 대화로 이어집니다. 육아라는 고립된 환경에서 읽고 쓰기는 세상과의 소통 창구가 되어줍니다.

인간은 결국 사람과의 관계에서 가장 큰 행복을 느낀다고 합니다. 아무리 큰돈을 갖거나, 급속 승진을 하거나, 지구상에 큰 업적을 남기는 일을 했더라도 기쁨을 나눌 사람이 나 혼자라면 어떨까요? 다른 사람과 함께 나눌 수 있을 때 비로소 진정한 기쁨과 행복이 됩니다. 아이를 키우는 엄마들에게 세상과의 소통 창구가 될 수 있는 가장 무해한 길은 독서와 글쓰기라고 생각합니다. 응원받는 것도 좋고, 다른 사람을 응원하는 것도 좋습니다. 우리가 나눈 응원은 돌고 돌아 우리 아이들 세대까지 이어질 것입니다. 꼭 그러리라 믿습니다.

# 2장. 보통 엄마가 초고 쓰는 법

## 주제 · 나에 대한 탐구

자신을 아는 사람은 어떤 것이 자신에게 적절한지 알고,
자신이 할 수 있는 것과 할 수 없는 것을 구별하네.

▶ 크세노폰, 『소크라테스 회상록』

### { 뇌 구조를 그려보세요 }

아침에 눈을 떠서 다시 잠들기 전까지 우리는 어떤 생각을 하면서 살아갈까요? 저의 뇌를 해부해 보면 가족과 책, 스마트폰, 글쓰기, 먹는 것이 절반을 차지합니다. 다른 절반에는 청소, 운동, 돈, 친구, 나들이, 교회, 잠 정도가 차지하겠지요. '뇌 구조 그리기'에서 관심분야는 절반 이상의 큰 자리를 차지하고, 관심 없는 분야는 점 하나로 표시 됩니다. 뇌 구조에서 가장 넓은 자리를 차지하는 바로 그것. 그중 하나를 책 쓰기 주제 목록에 올려봅니다. 저는 책이 상당 부분을 차지합니다. 책 읽을 시간에 차라리 잠을 자라고, 책 살 돈으로 빵을 사라고, 주변에서 핀잔을 줘도 늘 책과 가까이 하며 살아왔습니다.

누구에게나 자신만의 관심사가 있습니다. 돈, 화장품, 연예인, 달리기, 돈가스, 술, 발라드, 캠핑, 게임 등. 특정 물건일 수도 있고, 어떤 행위나 가치관이 될 수도 있습니다. 가수 브라이언에게는 청소가, 가수 박진영에게는 작곡과 노래, 춤이 큰 영역을 차지하겠지요. <u>생김새가 다르고, 사는 모습이 모두 다르듯 각자의 관심 분야에 정해진 답은 없습니다.</u>

### { 나만의 강점을 찾는 법 }

글쓰기 주제를 찾으려면 자신의 본질을 아는 것이 중요합니다. 내가 좋아하고, 잘하는 것, 즉 나의 강점을 찾아야 합니다. 좋아하는 분야를 찾고 싶다면 그 분야를 떠올렸을 때 내 가슴이 얼마나 뛰는지 느껴보면 됩니다. 또 시간이 어느 정도로 빠르게 흘러가는지 체크해 보세요. 1시간이 10분처럼 느껴지는 분야를 찾아야 합니다. 저는 책 이야기라면 밤을 새워서라도 하고 싶은 이야기가 많습니다. 하고 싶은 이야기가 많은 분야가 무엇인지 생각해 보세요. 자신에게 좀 더 가까이 다가가서 나만의 뾰족한 강점을 찾아보세요. 천천히 자세히 보면 분명히 있습니다. 아주 사소한 한 가지라도 찾아내면 됩니다.

저는 책 읽는 것을 좋아하지만, 글쓰기는 좋아하지 않았습니다. 지금도 마음 같아선 책만 주구장창 읽고 싶지, 글을 쓰고 싶지는 않습니다. 하지만 하고 싶은 일만 하면서 살 수는 없습니다. 제 삶에 책 읽는 것만큼이나 글쓰기가 꼭 필요하다는 것도 잘 알고 있습니다. 이처럼 나에게 꼭 필요한 분야를 찾아보는 것도 하나의 방법입니다.

좋아하는 분야를 이미 마음껏 누리고 있다면 큰 행운입니다. 하지만 안타깝게도 좋아하는 분야지만, 아직 내 삶에서 차지하는 비율이 작을 수도 있습니다. 우리는 당장 오늘, 내일 먹고 사는 일이 너무 바쁘기 때문입니다. 피아노를 좋아하지만, 집에 피아노 놓을 공간이 없을 수도 있습니다. 골프를 좋아하지만 돈이나 여유 시간이 없는 사람도 있습니다. 공예에 관심은 있지만 막상 시작해 볼 엄두가 나지 않을 수도 있습니다. 그럼에도 마음에 품은 관심 분야가 하나쯤 있다는 것만으로도 팍팍한 현실을 견딜 수 있는 힘이 됩니다.

하루 종일 떼쓰고 징징대는 아이 때문에 멘탈이 흔들려도 아이를 재우고 피로를 날려줄 시원한 맥주 한 캔이 있다면 괜찮습니다. 지독한 상사의 비난 섞인 잔소리를 들어도 퇴근 후 열정을 불태울 댄스 학원이 있다면 견딜 수 있습니다. 쳇바퀴처럼 똑같이 굴러가는 일상이지만 한 땀 한 땀 수놓고 있는 뜨개질 조끼가 있다면 당신은 행복한 사람입니다. 나를 버티게 하는 그것은 무엇인가요? 그게 바로 여러분이 쓸 수 있는 주제입니다. 당신을 가슴 뛰게 하는 그것을 알려주세요.

### { 타인의 질문에 귀 기울여보세요 }

타인이 우리에게 하는 질문에는 2가지 종류가 있습니다. 첫 번째는 지금 하고 있는 일에 관한 질문입니다. 의료분야에 종사하고 있다면 건강에 관한 질문을 많이 받겠지요. 교육 분야에 종사 중이라면 아이 공부법에 관한 질문을 수도 없이 받을 것입니다. 두 번째는 취미나 관심분야에 관한 질문입니다. 저희 남편은 보험, 금융과는 전혀 관련 없는 일을 하고 있습니다. 하지만 대학 다닐 때 경제 관련 도서 30여 권을 한 번에 독파하면서 일명 '돈'에 눈을 뜨게 되었다고 합니다. 회사 동료나 지인들은 보험 관련 일이 생기거나 연말정산 시기가 되면 남편을 찾는다고 합니다. 물론 가정에서도 좋은 점이 있습니다. 보험 관련 일, 세금 문제나 집 인터넷 교체, 휴대폰 요금 결정, 할인 카드 등 모든 것을 남편이 다 책임지고 관리해줘서 참 고맙습니다.

또 저는 살림 꽝이지만 친정 엄마께서는 살림 고수이십니다. 예를 들어 마늘장아찌를 만든다면 엄마는 장까지 직접 만들어 담그십니다. 저는 대기업이 만들어 판매하는 장을 냉큼 사 와서 빠르고 쉬운 레시피에 도전합니다. 2리터짜리 장을 사서 마늘장아찌 담그기에 처음 도전했던 날입니다. 제가 배운 레시피로는 분명히 장을 붓고 3-4일 뒀다 먹으면 된다고 했습니다. 하지만 일명 김미선표 마늘장아찌는 일주일이 지나도록 속이 쓰리고 입이 아릴 정도로 강렬한 매운맛뿐이었습니다. 도저히 먹을 수가 없을 지경이었습니다. 살림 고수 엄마에게 전화를 했습니다. 엄마는 '마늘을 식초에 담가 매운맛을 빼고 만들어야 한다.'고 알려주셨습니다. 그리고 요즘 마늘은 매워서 덜 매운 마늘이 나오면 그때 담그는 것이라고 덧붙이셨습니다. 장아찌용 마늘이 따로 있는지 처음 알았습니다.

친정 엄마의 조언은 저처럼 10년이 넘어도 어설픈 초보 살림꾼에게 큰 도움이 됩니다. 다음에는 장아찌가 아니라 부드러운 멸치볶음은 어떻게 만드는지, 남편이 좋아하는 김무침은 어떻게 만드는지, 여수 갓김치 담그는 법도 알려달라고 졸라야겠습니다.

그럼 다른 사람들이 저에게 묻는 질문은 어떤 게 있을까요? '요즘은 무슨 책 읽어?', '책은 어떻게 쓴 거야?', '책 쓰는데 돈은 얼마나 들어?' 책과 글쓰기에 관한 질문이 많습니다. 그중에서 제가 책을 쓴 방법에 대해 상세한 답변을 준비한 글이 바로 이 책이 되었습니다.

다른 사람이 나에게 물어보는 질문에 대해 조금 더 관심을 기울여 보세요. 다른 사람이 내게 던진 질문을 파악하는 건 시장성을 확인할 수 있는 좋은 방법이기도 합니다. 내가 아무리 좋아하는 분야라도 시장성이 없다면 소외받을 수밖에 없습니다. 타인의 질문에 대한 답변을 나만의 방식으로 친절하고 쉽게 하나씩 정리해 봅니다.

<u>책 쓰기는 결국 내 안에 있는 것을 꺼내 독자를 중심으로 다듬어 풀어쓰는 일입니다.</u> 책 쓰기의 첫 번째 기둥을 세우는 일인 만큼 어떤 주제를 결정하느냐가 책의 성공 여부를 결정하기도 합니다. 집요하게 나를 탐구해 보세요.

## 자료 · 다다익선

언제나 작가처럼 생각하라.
작가의 안테나로 낚아챌 태세를 갖추라.
그렇게 새로운 아이디어를 수집해 나가라.

▶ 이언 랜킨


글을 쓰기로 마음먹고 책상 앞에 앉으면 말문이 아니라 글문이 턱 막히는 때가 있습니다. 이때 문제는 크게 세 가지입니다. 주제 선정이 잘못되었거나 글쓰기 자료가 부족한 경우입니다. 또 글쓰기 근육이 붙지 않아서 글이 안 써지는 경우도 있습니다. 그중에서 자료 수집 법을 알아볼 텐데요. 내 글을 뒷받침해 주는 자료가 많을수록 글이 단단해집니다. 자료를 많이 가진 사람일수록 책 쓰기 성공 확률도 높습니다.

### { 마음과 생각 쏟아내기 }

브레인스토밍은 '두뇌 폭풍'이라는 뜻처럼 짧은 시간 동안 생각나는 아이디어를 자유롭게 적어보는 것입니다. 주제를 정해서 브레인스토밍에서 나온 결과를 잘 분류하고 나열하면 그게 바로 목차가 됩니다. 저는 글쓰기 작업에서뿐만 아니라 일상생활에서도 생각나는 모든 경우의 수를 적어보고, 하나씩 정리해 나가는 편입니다. 예를 들어 최근에 제가 이사를 했는데요. 이사는 처음이라 부동산에 집을 내놓는 일부터, 어느 동네에 집을 구할지, 구하는 집은 매매로 할지 전세로 할지, 방은 어떻게 꾸밀지 등등. 일단 이사와 관련된 내용을 전부 다 A4용지에 적었습니다. 나온 내용을 차례대로 분류했습니다. 크게 이사 전과 이사 후의 준비 사항으로 나누었습니다. 그렇게 차근차근 분리하고 정리하다 보니 잘 써서 '〈이사 초보라면 이것만 알아 두세요〉라는 전자책 한 권 써볼까?' 싶은 생각까지 들더라고요.

줄리아 카메론의 『아티스트 웨이』에서 '모닝 페이지'를 알게 되었습니다. 매일 아침 의식의 흐름을 세 쪽 정도 적어보는 글쓰기 루틴입니다. 글쓰기 초반에는 막히는 부분이 나오면 다음으로 넘어가지 못하고 중단을 해버리는 경우가 많았습니다. 어떤 복잡한 감정 때문에 발생한 구간인지, 표현력의 부족 때문인지 파악도 되지 않았습니다. 그때 '모닝 페이지'를 만난 게 도움이 되었습니다. 의식의 흐름대로 막힘없이 쭉쭉 쓰기만 하면 된다고 마음먹으니 어느새 페이지가 채워졌습니다.

이 책을 읽는 동안 당신이 해야 할 일은, 자기 내면에 갇혀 있는 창조적인 힘이 마음껏 움직이도록 의식 속에 길을 터주는 것이다. 그런 길을 만들겠다고 마음만 먹으면 창조성은 모습을 드러낸다. 어떻게 보면 창조성은 피 같은 것이다. 피가 당신의 몸 안에 흐르고 있지만 당신이 만들어낸 것은 아니듯이, 창조성도 당신의 정신 속에 존재하지만 당신이 만들어야 하는 것은 아니다.

▸ 줄리아 카메론, 『아티스트 웨이』 중에서

중요한 건 열린 마음으로 내 안의 보물을 최대한 많이 쏟아내는 것입니다. 꺼내기에도 연습이 필요합니다. 브레인스토밍, 모닝 페이지로 조금씩 꺼내보는 연습을 해보세요. 하얀 종이는 당신의 어떤 것도 받아 줄 준비가 되어 있습니다.

### { 경험 }

'젊어서 경험은 돈 주고도 못 산다.'더니 글쓰기에도 그 말이 딱 맞았습니다. 나이를 먹을수록 경험 부자들이 제일 부럽더라고요. 여행은 물론이고, 수영이나 테니스 운동을 배운 경험. 종이접기 또는 그림 작품을 만든 경험. 피아노나 기타를 배우면서 악기를 다룬 경험이 있다는 건 훌륭한 자산이자 살아있는 생생한 글쓰기 자료가 됩니다.

글쓰기를 하면서 좋았던 건 실패한 경험도 소중한 재료가 될 수 있다는 점입니다. 책 출간을 위해 수없이 많은 투고와 기다림의 시간이 있었습니다. 그 시간은 저의 무능력함을 확인함과 동시에 존재에 대한 확신마저 희미하게 만들었습니다. 하지만 이제는 '나의 실패 경험이 또 다른 누군가에게 도움이 될 수 있겠지.'라고 생각합니다. 한 방에 책을 내고, 베스트셀러 작가되었다면 '투고 후 기다림과 고뇌'에 대해 쓸 이야기도 없었겠지요. 모든 경험을 재해석할 수 있는 능력이 추가되었습니다.

마흔 번째 생일을 맞이한 날 친정엄마께 책 선물을 했습니다. 요즘 눈이 침침하다 하셔서 큰 글자 책으로 준비했습니다. 『즐거운 어른』이라는 책인데요. 1948년에 태어나 70세가 훌쩍 넘은 이옥선 작가의 유쾌한 에세이집입니다. 저도 서른이 넘은 나이에 글쓰기를 시작했지만, 일흔이 넘은 나이에 책을 출간하셨다는 소식에 그저 존경스러운 마음이 들었습니다. 책 제목처럼 많은 어른들이 새로운 것을 배우고 도전하는 일에 너무 망설이거나 겁내지 않고 '즐거운 어른'으로 살아가기를 바랍니다.

{ 책 }

작가는 항상 공부하는 사람입니다. 세상의 모든 것을 탐구합니다. 그중 자료를 수집하기 가장 좋은 도구는 책입니다. 하늘 아래 새로운 것은 없다고 합니다. 관련 분야 책을 통해 최대한 많은 것을 배우고 내 것으로 다시 소화하는 과정이 필요합니다. 같은 말이라도 누가 하느냐에 따라 다르게 받아들여지기 때문입니다. 책을 읽고 나만의 생각으로 재해석하고 자료를 남겨두는 습관을 들이면 통찰력은 덤으로 자연스레 길러집니다.

### { 기타 자료 }

책을 아무리 좋아하는 저지만 눈이 뻑뻑하거나 컨디션에 따라 글이 눈에 잘 안 들어오는 날도 있습니다. 그럴 때는 책 이외에 가볍게 참고할 자료를 찾습니다. 신문이나 뉴스, 잡지를 보면서 글쓰기에 필요한 재료를 얻습니다. 저는 요즘 저희 아들의 책을 잘 훔쳐보는데요. 어린이 과학 동아나 독서 평설을 넘겨 봅니다. 중요한 이슈를 아이들의 눈높이에 맞춰 쉽게 설명해 줍니다. 또 〈1분 과학〉이나 〈민음사TV〉처럼 유튜브 영상도 도움이 됩니다. 초보자도 보기 쉽게 잘 만들어진 콘텐츠가 많아 자료 수집에 유용합니다.

{ 자료 정리 법 }

 자료가 아무리 많아도 적재적소에 쓸 수 있도록 잘 정리해둬야 합니다. 저는 디지털과 아날로그 두 가지를 모두 활용해 자료를 정리합니다.

 디지털의 장점은 대용량을 저장할 수 있고, 검색 기능이 있어 찾기 편하다는 점입니다. 주로 핸드폰과 노트북을 이용합니다. 밖에서 간단한 메모는 카톡 창에서 '나에게 보내기'를 이용합니다. 좀 더 긴 내용은 〈컬러노트〉라는 메모 앱에서 작성합니다. 인스타그램에서 놀면서 캡처해둔 사진과 글이 수 천 장이 넘습니다. 이렇게 디지털의 장점은 많은 자료를 모을 수는 있지만 결국 또 잘 정리하는 사람이 이깁니다. 요즘은 '노션'이라는 업무 공간도 작업할 때 굉장히 유용해 보이더군요. 앞으로 새로운 디지털 업무 공간을 찾는다면 저는 '노션'을 배워보겠습니다.

 아날로그의 장점은 언제 어디서든 바로 쓸 수 있고 직관적입니다. 주로 포스트잇에 짧게 메모하고 글로 작성하고 나면 바로 버립니다. 쌓여 있던 포스트잇과 사라진 종이들을 보면서 글쓰기를 끝냈다는 쾌감을 얻기도 합니다. 또 다음 책을 구상할 때는 작은 A5 노트 한 권에 생각날 때마다 글감을 저장해둡니다. 나중에 글감이 없어 허덕이는 저를 위한 작은 선물이기도 합니다. 똑같은 노트를 배송비 때문에 6권이나 샀는데 다 쓰려면 자료를 부지런히 모아야겠습니다.

## 목차 · 기획자가 되어 보세요

글쓰기란 신을 찾아가는 과정이다.

▸ 카슨 매컬러스

목차를 작성할 때만큼은 기획자적인 마인드로 일해야 합니다. 글의 전체적인 짜임을 구성하는 단계입니다. 큰 숲을 그리는 전체적인 부분과 작은 나무들의 특색이 잘 돋보이게 정돈해 주는 작업입니다.

### { 목차는 내비게이션이다 }

책을 쓰기로 마음먹은 첫날 '나는 하루에 글을 3편씩 써서 100일 안에 초고를 완성해야지!', '내가 손이 느려서 그렇지. 이미 책 한 권을 쓰고도 남았지.'라면서 거대한 다짐을 했습니다. 하얀 종이 위에 생각을 글로 꺼내려는 순간 한껏 부풀었던 풍선이 바늘에 찔린 듯 조금 전 다짐은 한순간에 사라지고 맙니다. 날이 갈수록 쓸 말이 점점 없어집니다. 그렇게 책 쓰기 열정은 힘을 잃고 맙니다. 저 역시 이런 식의 악순환으로 수십 권 분량의 책을 쓰다 접었습니다.

요즘엔 내비게이션 없이 새로운 목적지를 찾아간다는 건 상상도 할 수 없는 세상이 되었습니다. 글쓰기에서 목차는 '초고 완성'이라는 목적지까지 우리를 안전하게 이끌어 줄 친절한 내비게이션이 되어줍니다. 정성 들인 목차 구성은 '그다음에 뭘 쓰지?'라는 고민에서도 해방시켜줍니다. 누구의 도움 없이 혼자 글쓰기 하는 사람들에게는 오늘 쓸 글감이 있다는 것만으로도 안심이 됩니다.

### { 글쓰기 뼈대 만들기 }

그럼 목차는 어떻게 구성하면 좋을까요? 저는 목차 구성을 이런 방법으로 합니다. 먼저 책을 왜 쓰게 되었는지 ➡ 나는 무엇을 어떻게 했는지 ➡ 그 결과가 어땠는지 보여주는 구조입니다.

『엄마의 느린 글쓰기』 목차를 살펴보면 먼저 글을 왜 써야 했는지 보여줍니다. 중간 부분에는 글을 쓰는 구체적인 방법과 활용법을 제시하며 저만의 글쓰기 노하우를 기록했습니다. 마지막에는 글을 쓰고 난 후 변화된 모습에 대해 보여주면서 마무리 했습니다. 5개의 큰 장으로 이루어졌고, 1장 6개, 2장 17개, 3장 23개, 4장 13개, 5장 6개 프롤로그, 에필로그 총 67개의 꼭지 글로 책 한 권을 만들었습니다. 숫자로 하나, 둘 세어보니 이 많은 걸 언제 다 썼나 싶습니다.

### { 목차 제목 꾸미기 }

처음 목차를 구성할 때는 글을 쓰기 위한 키워드만 정도만 적어놓고, 글을 쓰는 데 더 집중합니다. 글이 어느 정도 쌓이면, 목차 제목을 독자의 마음에 더 친근하게 다가갈 수 있도록 수정합니다.

**8살의 나 만나기**

어린 시절 ➡ 8세의 내가 울고 있다 • 어린 시절

---

**몸 튼튼 마음 튼튼**

운동 일지 ➡ 몸과 마음은 하나다 • 운동 일지

목차를 처음부터 튼튼하게 잡고 글을 쓰면 훨씬 편합니다. 하지만 목차는 마지막까지 수정에 수정을 거듭할 수밖에 없습니다. 처음부터 완벽하길 바랄 수는 없습니다. 처음에는 큰 틀을 잡는 정도로 목차를 작성하고, 글을 써나가면서 계속 추가, 수정하며 목차를 완성해 보세요.

# 시간 · 루틴 만들기

작은 성공부터 시작하라.

▶ 데일 카네기

### { 시간 도둑을 잡아라 }

다이어리 쓰는 습관을 가지면서 시간 도둑의 정체를 분명히 파악했습니다. 하루 동안 시간대 별로 했던 일을 기록합니다. 그중 매일 반복되고. 고민하는데 시간을 쏟아도 그저 시간 도둑일 뿐이었던 몇 가지를 잡아냈습니다.

첫 번째. 식단입니다. 직장인들의 가장 어려운 결정 장애가 바로 점심 메뉴라고 하는데요. '점메추(점심 메뉴 추천)'라는 말이 유행할 정도로 모두에게 어려운 숙제인가 봅니다. 저희 아이도 학교 다녀와서 인사 다음으로 하는 말이 "엄마 오늘 저녁은 뭐야?"입니다. "엄마도 아직 몰라."라고 대답할 때가 많았는데요. 쉽게 만들 수 있고, 아이들이 잘 먹는 식단으로 일주일 식단을 정해두기로 했습니다. 국만 정해놔도 절반은 성공입니다. 콩나물국, 된장국, 만둣국, 참치찌개, 계란국. 고정 식단이 생기니 매일 고민할 필요도 없고, 장보기도 편합니다. 고민하다 귀찮으면 배달을 시켰는데 배달 음식도 많이 줄었습니다.

두 번째, 옷입니다. '아이 낳고 나면 살 빠지겠지.'라는 희망을 품은 지도 벌써 11년이 지났습니다. 이제는 '제발 유지만 하자.'로 결심이 바뀌었습니다. 살 빠지면 입겠다고 소장하던 옷도 처분하려고 합니다. 체형이 바뀌니 예쁜 옷을 입는 것 보다는 편한 옷만 찾게 되더라고요. 편한 옷만 찾다보니 세탁을 부지런히 하더라도 무채색의 거의 같은 옷만 돌려 입습니다.

세 번째, 집안일입니다. 빨래는 세탁기와 건조기에 위임했습니다. 건조기 없던 시절로 다시 돌아가지 못합니다. 아직 넘기지 못한 영역은 설거지와 청소기 밀기입니다. 다음에 이사 가면 꼭 위임하리라 벼르고 있습니다. 중요한 건, 가전에게 집안일을 위임하고 남은 시간을 나만의 방식으로 잘 활용하는 건데요. 저는 식기세척기가 생기면 아이들과 놀이 시간을 더 가지려고 합니다. 지금은 밥 차리고 설거지까지 하고 나면 시간도 늦어지고 진이 빠져 잘 준비에 돌입합니다. 또 로봇청소기까지 생긴다면 명상이나 스트레칭을 하는 시간을 가지면 좋을 거 같습니다. 안 쓰는 짐으로 가득 찬 공간보다 빈 공간이 많을수록 마음에도 여유가 생깁니다. 짐도 줄이고 청소 시간도 줄여 여유 시간을 만들어 봅시다.

네 번째, 휴대전화입니다. 아이들에게 주의를 줘야 할 어른인 제가 오히려 더 중독 증세를 보입니다. 휴대전화는 가장 중범죄급 시간 도둑입니다. 아무 때나 수시로 들여다보는 게 아닌 '할 일 마치고 딱 10분만 보자고.' 나를 달래봅니다. 자신과의 약속을 잘 지키는 사람은 시간 도둑에게 삶을 지배당하지 않습니다.

일하는 엄마들은 글 쓰는 시간을 갖기가 더 힘들 텐데요. 날마다 글을 쓰자는 욕심보다는 평일에는 소재 거리만 간단히 메모해두세요. 쓰는 사람의 태도는 꾸준히 잃지 마시고, 주말에 1-2시간 몰입할 시간을 만들어 집중해서 글을 쓰는 걸 추천합니다. 짧은 시간이라도 내가 설계한 일정대로 잘 지켜나가는 것이 곧 시간 주인으로 사는 유일한 방법입니다.

### { 단순한 루틴 }

이 책의 초고를 쓸 때 저의 오전 루틴입니다. 일단 일어나자마자 운동을 합니다. 하루 중 가장 힘든 숙제를 끝내고 상쾌한 하루를 시작했습니다. 두 번째 루틴은 집 청소입니다. 설거지, 빨래, 청소기 밀기처럼 매일 꼭 해야 할 기본적인 청소를 먼저 합니다. 기본 청소가 끝나면 하루에 딱 한 군데씩 정해서 구석진 곳을 정리합니다. 세 번째가 바로 글쓰기입니다. 청소가 끝나면 일단 휴대전화를 충전기에 꽂아둡니다. 가까이 두면 자꾸 손이 갑니다. 손에 들면 유행하는 쇼츠 몇 개만 넘겼을 뿐인데 1시간이 훌쩍 지난 경험 누구나 당해 보셨을 겁니다. 집중할 시간 딱 15분을 정합니다. 그 시간은 무조건 글쓰기에만 몰두합니다. 잘 써지든 안 써지든 그 시간만큼은 글쓰기를 하는 것이죠. 처음엔 15분으로 시작하지만 근육이 붙듯 점점 늘어나 30분, 한 시간 글쓰기도 가능해집니다.

### { 몰입의 시간 }

첫 책 『엄마의 심야책방』은 제목 그대로 아이가 잠든 후, 도망치듯 몰래 방을 빠져나와 글을 썼습니다. 두 번째 책 『엄마의 느린 글쓰기』는 아이들보다 더 늦게 일어나던 제가 갑자기 새벽형 인간이 되어서 눈 뜨자마자 글부터 썼습니다. 세 번째 책 『보통 엄마의 책 쓰기』는 아이들이 등원한 후 간단한 집 안 청소를 끝내고 오전 11시쯤 글을 썼습니다. 새벽 시간에 집중이 잘 되는 사람도 있고, 밤 10시에 글쓰기가 더 잘 되는 사람도 있습니다. 자신의 글쓰기 컨디션에 맞는 최적의 시간을 찾아보세요.

중요한 건 외부 환경과 단절된 나만의 시공간을 만들어야 한다는 점입니다. 보통의 글쓰기는 물 흐르듯 쓰고 싶은 걸 쓰면 됩니다. 잠시 멈춰도 되고 나중에 써도 됩니다. 하지만 책 쓰기를 위한 글쓰기 시간에는 '몰입'하는 과정이 반드시 필요합니다. 그런 면에서 에너지가 가장 충만하고, 다른 사람의 방해를 받지 않으며, 하루의 시작에 중요한 일을 처리하는 새벽 글쓰기를 조심스레 추천해 봅니다.

### { 마감기한 정하기 }

'마감이 원고를 완성한다.'는 말이 있습니다. 아이 엄마인 저에게 가장 강력한 마감 압박은 어린이집 하원 시간이었습니다. 하원과 동시에 몰입 글쓰기 작업도 끝이 납니다. 정해진 시간이 없다면 결국 완성하지 못하게 될 수도 있습니다. 어느 날엔 이 부분이 이상하고, 다른 날엔 저 부분이 이상하고. 기분 탓인지 전부 다 삭제하고 싶을 때도 있습니다. 스스로 마감 기한을 정해야 합니다. 저 같은 경우는 초고 쓰기 기간을 90일-100일로 정합니다. 100일 다이어리나 작은 수

첩에 원고 쓴 날을 기록하면서 마감 기한을 조정합니다. 어떤 사정으로 못 쓰게 된 날도 있고, 열정적으로 2장 이상을 쓴 날도 있습니다.

천재 뮤지션 지드래곤도 작품의 완벽과 완성에 대해 고민한다고 합니다. 완벽만 추구하다 보면 작품을 완성할 수 없습니다. 작품의 완성을 위해 마감기한을 정하고, 마감 스케줄을 칼같이 지키는 성실한 작가가 되어봅시다. 자신과의 약속을 지키는 사람이 결국 책 한 권을 완성하는 작가가 될 수 있습니다.

## { 외적 보상 주기 }

아직 어른이 덜돼서 그런지, 내면에서 뿜어져 나오는 열정보다는 외적 보상이 저를 더 부지런히 움직이게 합니다. 하루치 글쓰기를 끝낸 저는 찜해두었던 유튜브 영상을 보거나, 인스타그램을 구경하고, 읽고 싶었던 책을 읽습니다. 물론 하루치 숙제를 끝내야 죄책감 없이 자유 시간을 즐길 수 있습니다. 보상이 없는 삶은 왠지 심심하고 지루합니다.『보통 엄마의 책 쓰기』초고를 완성한 저에겐 인체 공학 키보드와 손목에 무리가 덜 가는 마우스를 선물했습니다. 글 쓰는 저에게 해줄 수 있는 최고의 보상이었습니다.

## 대상 · 독자 설정하기

> 침묵을 듣는 법을 배우라.
> 당신 주변의 세상의 소리를 들으라.
> 그러면 침묵이 당신에게 아름다운 노래를 들려줄 것이다.
> ▸ 멜로디 비티

일기와 책 쓰기의 차이점은 바로 내 글을 읽어주는 독자가 있다는 것입니다. 일기는 나만 알아볼 수 있도록 자유롭게 써도 되지만, 책을 쓰기로 했다면 독자를 늘 염두에 둬야 합니다. 독자를 좀 더 많이 생각하고 배려한다면 그만큼 더 좋은 책이 될 수 있습니다.

### { 친구랑 이야기하듯 씁니다 }

저 같은 경우에는 제 이야기를 가장 잘 들어주는 친구 한 명을 떠올립니다. 그 친구를 생각하면 들려주고 싶은 참 이야기가 많습니다. 초롱초롱한 눈으로 마음을 열고 제 이야기를 귀 기울여 들어주기 때문입니다. 아무리 보잘것없는 이야기를 해도 제 이야기를 있는 그대로 들어줄 것이라는 믿음이 있습니다. 자신을 최대한 많이 보여줄 수 있는 친구를 한 명 독자로 설정해 보세요. 너무 비판적이고 독설적인 친구라면 시작도 전에 주눅이 들 수도 있으니 피하는 게 좋습니다.

### { 가상의 친구를 만들어보세요 }

딱히 떠오르는 친구가 없다면 나와 비슷한 상황의 가상 친구를 만들면 됩니다. 내 글을 읽어줄 만한 독자를 구체적으로 설정해 보는 겁니다. 예를 들어, 이 글은 책을 쓰고 싶은데 어떻게 시작해야 할지 몰라 망설이고 있을 친구를 위해 쓰고 있습니다. 또는 쓰고 싶을 때마다 일기장에 조금씩 적긴 하지만 어떻게 정리해야 할지 모르는 친구를 위해 글을 씁니다. 지금의 나와 비슷한 상황에 놓인 누군가를 위한 글을 써보는 겁니다.

어딘가 분명히 내 글이 필요한 사람이 있습니다. 이 책을 읽고 있는 여러분과 저는 이미 친구가 되었습니다. 이 글을 선택한 여러분은 제 글에 가장 어울리는 독자입니다.

### { 쉽고 친절하게 씁니다 }

보통 글을 쓴다고 생각하면 부담감을 느끼는 이유 중 하나가 내 수준이 들통 나는 것 같아서입니다. 그래서 더 어려운 단어나 문장을 만들려고 애쓰다 보니 글쓰기가 어렵게 느껴집니다. 하지만 그럴 필요 없습니다. 책을 쓰는 본질적인 이유는 내가 알고 있는 걸 뽐내고 싶은 게 아닙니다. 내가 나누고 싶은 메시지를 제대로 전달하는 데 책 쓰기의 본질이 있습니다.

어려운 글보다 쉽고 솔직한 글이 훨씬 매력적입니다. 대상 독자층을 설정했다면 한적한 카페에 앉아 친구를 앞에 두고 이야기를 시작한다는 마음으로 글을 씁니다. "있잖아. 나 오늘 마트에 장 보러 갔는데…" 이런 식으로 가볍게 이야기 물꼬를 틉니다. 너무 어려운 용어의 등장은 독자를 배려하지 않은 태도입니다. 보통 중학생이 알아들을 수 있는 수준으로 쓰면 됩니다. 제 글이 약간 쉽게 느껴진다면 제가 어려운 용어를 몰라서 못 쓰기 때문일 것입니다. 누구나 쉽게 읽을 수 있도록 더 쉽고 구체적이고, 친절한 용어로 써주세요.

결국 내 글의 첫 번째 독자는 나입니다. 나 다음으로 보게 될 두 번째 독자를 향한 힘찬 발걸음을 내디뎌야 합니다. 그 첫걸음은 두렵지만 세상을 향한 용기 있는 도전이 될 것입니다. 여러분의 용기 있는 한 걸음을 응원합니다!

## 완성 · 3단계 글쓰기

당신이 전날 얼마나 많은 단어를 썼는가는 중요하지 않다.
당신은 매일 똑같은 빈 페이지나 똑같은 빈 화면에서
다시 새롭게 시작하는 것이다.

▸ 링컨 차일드

제 글은 어디 내놔도 자랑할 만한 글은 아닙니다. 하지만 책 두 권을 써 본 경험으로 글 한 편을 완성했다는 저만의 기준이 생겼습니다. 비슷한 패턴으로 꾸준히 한 꼭지씩 글을 완성하다 보면 차곡차곡 쌓인 글이 어느새 책 한 권이 되기도 합니다.

### { 1단계. 일상 고백하기 }

1단계는 저의 일상을 있는 그대로 고백하듯 씁니다. 오늘 하루 동안 있었던 일도 좋고, 들었던 말이나, 갑자기 든 생각, 인상 깊었던 영상도 좋습니다. 일상 중에서 하나를 떠올리고 고백하듯 써 내려 갑니다. 예를 들어

오늘은 새벽에 일어나서 글을 쓰려고 했는데 역시나 늦잠을 자고 말았다. 겨울이 시작되고 날이 추워져서 그런지 알람을 끄고 '5분만 더 누워있어야지'하고 눈을 감았다. 눈을 떴을 땐 이미 아이들 등원 준비하기도 빠듯한 시간이 되어 있었다. 시계를 보자마자 '오늘도 망했네'라는 분노와 함께 괜히 안 깨워준 남편에게 짜증을 부려 본다.

이때, 좀 더 흥미로운 글을 쓰고 싶다면 내가 고백한 일상과 비슷한 에피소드를 하나 더 덧붙여 봅니다. 예전의 일도 좋고 최근의 일도 좋습니다. 책에서 읽었던 것도 좋고, 나에게 실제로 있었던 일, 주변에 있었던 일도 괜찮습니다.

그러고 보니 나는 학창 시절에도, 회사에 다닐 때도 늦잠을 자면 가족들에게 짜증을 냈다. 물론 가장 큰 피해자는 우리 엄마였다. 나를 안 깨우고 밥을 준비하고 있는 엄마에게 짜증이 났다. 분노의 표시로 차려둔 간장 계란밥은 손도 안 대고 툴툴거리며 집을 나섰다.

## { 2단계. 기분 쓰기 }

2단계는 1단계에서 쓴 에피소드에 대한 나의 기분을 써 봅니다. 쓰면서 왜 그런 기분을 느꼈는지 천천히 되짚어 봅니다.

나에게 '늦잠'은 하루의 첫 단추가 잘 못 끼워진 기분이다. 그래서 내가 원하는 시간에 일어나지 못하면 짜증이 확 올라왔다. 어리석은 습관인 줄 알면서도 쉽게 고칠 수가 없었다. 그 짜증은 하루가 다 지나가도록 쉽게 풀리지 않았다. 다운된 기분은 회복이 늦었다. 이게 다 완벽주의 성향과 회복탄력성, 자존감이 낮아서 그런가 보다.

결혼 전, 엄마한테 부리던 짜증이 지금은 남편이 타깃이 되었다. 나보다 일찍 일어나 있는 남편을 보면 "자기 언제 일어났어?"하고 꼭 물어본다. 왜 나를 깨우지 않았냐는 원망이 가득 든 말투로 말이다.

### { 3단계. 의미 부여하기 }

3단계에서는 사건을 일반화하며 의미를 부여해 봅니다.

오늘 아침에도 예상 시간보다 1시간을 더 늦잠을 잤다. 짜증이 확 밀려왔다. 하고 싶은 일이 많았는데 아무것도 못 하고 하루를 쫓기듯 시작하게 되니 아이들에게도 좋은 소리가 나오지 않는다. "꾸물대지 말고 빨리 챙겨."라는 가시 돋친 말이 나온다. 나부터 잘해야 하는데 화살이 다른 곳에 가서 꽂힌다.

이 글을 쓰면서 왜 늦잠을 잤는지, 늦잠을 잤을 때 이미 망쳐버린 나의 기분에 대한 깊은 고찰이 필요하다는 생각이 들었다. 사실 기상 시간은 아침에 울리는 알람 5개보다 밤에 몇 시에 잠드는지가 더 중요하다. 제시간에 잠들려면 하루 동안 충분히 에너지를 불태우는 것도 중요하겠지. 결국 다시 돌고 돌아 늦잠을 잤더라도 오늘 하루를 충분히 잘 보내야 다시 제시간에 잠이 들고, 내가 원하는 시간에 일어날 수 있는 것이다.

아침에 어디서 많이 본 듯한 풍경이 스쳐 지나간다. 바로 10살 된 우리 아들이다. 아이는 자기 전에 "아빠, 나 6시 30분에 깨워줘."라고 말해둔다. 하루는 아이가 곤히 자고 있어서 차마 못 깨운 적이 있었다. 아이가 버럭 화를 낸다. "나 왜 안 깨웠어!" 헉. 화내는 아이의 모습을 보니 기분이 이상해진다. 내가 똑같이 당할 수도 있겠구나.

아이에게도 꼭 말해줘야겠다. 내일 기상을 위해 제시간에 잠드는 사람이 되자고 말이다.

일화에서 내가 깨우친 나름의 의미를 담아 글을 마무리해 봅니다. 하지만 꼭 어떤 의미를 담아야 하는 건 아닙니다. 그저 '내게 그런 날이 있었다.' 정도로 담백하게 끝이 나면 읽는 독자들에게는 자연스럽게 넘어가는 페이지가 되기도 합니다. 특별한 방법은 아니지만 처음, 중간, 끝이 있으면 완성된 글이 될 수 있습니다. 말은 쉽지만, 꾸준히 글을 쓴다는 저에게도 늘 어려운 숙제입니다. 분명한 건 어설픈 글쓰기라도 안 해보는 것보다는 한 자라도 써보는 편이 글쓰기 실력을 올릴 수 있는 유일한 방법이라는 것입니다. <u>완벽한 마무리가 아닌 완성을 위한 마무리가 중요합니다.</u>

오늘 하루 중 기억에 남는 여러분만의 에피소드는 무엇인가요?

## 형식 · 통일감을 주세요

나는 오전 내내 내가 쓴 시의 교정쇄를 검토한 뒤
쉼표 하나를 뺐다.
그리고 오후에는 뺐던 쉼표를 도로 넣었다.

▸ 오스카 와일드

긴 글이 꼭 좋은 글은 아닙니다. 하지만 책을 만들기 위해서는 최소한의 분량이 필요합니다. 통일되고, 정돈된 형식을 갖추는 건 글을 가장 먼저 보게 될 분을 위한 최소한의 예의입니다. 곧 만나게 될 미래의 편집자를 위해 글을 보기 좋게 정돈해 보는 건 어떨까요? 물론 글쓰기는 형식보다 그 안에 담긴 메시지가 훨씬 중요하다는 것도 잊지 마시고요.

### { 원고의 기본 양식 }

원고를 쓸 때는 보통 한글 파일을 이용합니다. 글자 크기는 11p로 합니다. 노안이 왔는지 10p는 답답하더라고요. 줄 간격은 160%입니다. 내용은 검정 글씨로 쓰고, 제목에는 파란색을 넣습니다.

저는 쓰는 글의 분위기에 따라 폰트를 바꾸는 버릇이 있습니다. 글이 잘 안 써진다 싶을 때는 서체를 바꾸러 쇼핑을 가는데요. 〈눈누〉라는 사이트에 다양한 폰트가 있어 자주 들립니다. 자유로운 글을 쓸 때는 어떤 폰트로 멋을 부려도 상관없습니다. 하지만 출판사로 보낼 때만큼은 <u>명조체 또는 바탕체로 바꾸는 것이 좋습니다</u>. 가장 선호하는 서체가 '명조체'라고 편집자가 직접 알려주었으니 별 세 개치고 명심해야겠습니다.

### { 한글 파일 A4 80매 }

글 한 꼭지는 A4 용지 한 장 내외로 씁니다. A4 한 장은 보통 책 2.5페이지가 됩니다. <u>A4 한 장 내외로 모은 꼭지 글이 80매 정도는 모여야 책 한 권을 만들 수 있습니다</u>. 내용이 짧으면 한 장을 다 못 채울 수도 있고, 길면 한 장을 넘어가기도 합니다. 책을 쓸 때 A4 80매를 최소 목표로 잡고 씁니다. 퇴고를 하다 보면 삭제해야 하는 분량도 생기기 때문에 최대한 넉넉히 써 두는 편이 좋습니다.

### { 문제 표현법 }

세 번째 책을 쓰면서 이전 책과 가장 크게 바뀐 점은 바로 '어조'입니다. 첫 책과 두 번째 책에서는 '했다.'의 독백체로 썼습니다. 아무래도 글을 많이 써본 경험이 없었고, 누군가라는 대상을 염두에 두고 쓰는 문체가 어색해서 고백체로 쓰는 게 편했습니다. 이번 책에서 처음으로 경어체 '합니다.'로 글을 썼는데요. 이 글은 처음부터 '책 쓰기를 시작하고 싶은 엄마들'을 염두에 두고 쓴 글이다 보니 경어체로 쓰는 표현이 훨씬 편했습니다. 이 글을 보시는 여러분도 저의 바뀐 어조가 좀 더 예의 바르고 다정하게 느껴지시나요?

### { 한글 파일 단축키 }

들여 쓰기를 할 때는 alt+T를 눌러서 들여 쓰기를 선택해 줍니다. 문단이 바뀔 때마다 자동으로 들여쓰기 되어 보기 편합니다. 다음 페이지로 넘어갈 때는 ctrl+enter를 눌러서 이동합니다. 엔터키를 계속 눌러서 이동하게 되면 편집할 때 애를 먹는다고 합니다. 사실 저도 초보 시절에는 몰랐던 팁 중 하나입니다.

저장 단축키는 alt+S입니다. 수시로 눌러 저장하는 것이 가장 안전합니다. 가끔 노트북이 저절로 꺼질 때가 있는데요. 혹시 써둔 글이 지워졌을까봐 심장이 쿵 하고 내려앉습니다. 노트북에 저장하고 USB에 한 번 더 저장해둡니다. 제

USB에는 '저장만이 살길이다'라는 문구가 적혀있습니다.

ctrl+I는 글자 기울이기입니다. 다른 책의 글을 인용했을 때 글자 기울이기로 다르게 표시했습니다. ctrl+f는 찾기 버튼입니다. ctrl+A는 모든 영역을 선택할 수 있습니다. ctrl+Z는 되돌리기, alt+p는 인쇄 버튼, F9는 한자 변환 키입니다.

## 초고를 완성했다면 · 잠시 멀어지세요

나가서 걸어라.
산책이야말로 삶의 영광이다.

▶ 마이라 칼만

책 쓰기를 마음먹고, 초고 쓰기에 돌입했다면 최대 100일 안에 초고를 마무리하기를 권합니다. 하루에 A4 한 장씩 쓰기로 계획하고, 100일을 쓰는 겁니다. 초고는 어디까지나 초고입니다. 망설이지 말고, 뒤돌아보지도 말고 쭉쭉 밀고 나가며 전진만 해야 합니다. 전체 그림을 빠르게 스케치한다는 느낌으로 초고를 완성해 봅시다. 초고 쓰는 시기를 너무 오래 잡으면 글을 아무리 잘 쓰는 사람이라도 지치기 마련입니다. 시간을 너무 짧게 잡으면 조바심만 나고 내용이 충분히 들어가기 어렵습니다. 그래서 짧으면 60일에서 길면 100일 정도가 딱 적당하다고 생각합니다. 100일간의 힘겨운 초고 작업을 끝내셨다면 초고와 잠시 멀어지는 게 좋습니다. 초고 쓰기에 집중해 달려온 나를 위한 휴식시간을 갖는 건데요. 초고와 이별 시간은 일주일 정도 두는 것이 적당합니다. 아직 퇴고와 출간이라는 마지막 과정이 남아있으니 너무 멀어지셔도 안 됩니다.

저는 초고가 끝나면 읽고 싶었던 책을 읽습니다. 밥도 남이 해 준 밥이 제일 맛있듯이 글도 남이 쓴 글이 더 재밌습니다. 초고를 쓰면서 읽고 싶었던 책 목록을 미리 적어둡니다. 글쓰기 관련 책을 읽는 것이 도움이 되는 건 알지만, 사실 너무 질려서 표지도 보기 싫습니다. 그래서 가벼운 에세이나 소설을 읽는 편입니다. 또 짧은 여행을 다녀오는 것도 추천합니다. 두 번째 책 초고를 끝내고 남편과 하동 삼성궁에 다녀왔는데요. 돌담을 쌓아 올린 삼성궁의 신비함과 웅장한 풍경을 바라보고 있으니 초고 걱정으로 꽉 찼던 머릿속이 비워지는 것 같았습니다. 지리산 기운까지 받아와 에너지를 충전해서 퇴고까지 잘 마칠 수 있었습니다. 이번 초고 작업이 끝나면 아이들과 대구 '이월드' 놀이동산에 갈 계획입니다. 그곳에선 또 다른 동심의 에너지를 받아 올 수 있겠지요?

글 쓰는 일은 누구에게나 어려운 일입니다. 그 어려운 일을 100일 동안 꾸준히 집중해서 글로 쏟아냈습니다. 책 한 권 분량의 초고를 완성했다는 건 분명 대단한 일을 해낸 것입니다. 스스로에게 충분한 보상을 해주세요. 보상을 끝내고 다시 초고로 돌아왔을 때 예전엔 보이지 않았던 새로운 눈과 마음이 장착되었을 겁니다. 초고 완성까지 정말 고생 많으셨습니다! 여러분의 진심이 담긴 책은 분명 누군가에게 도움이 될 좋은 책이 되리라 믿습니다. 내가 쓴 글이 마치 남이 써 둔 글처럼 보이는 낯선 순간을 위해 초고와 잠시 작별 인사를 하고 퇴고 때 다시 만나기로 해요.

# 3장. 보통 엄마가 글쓰기 레벨 업 시키는 법

## 글쓰기 근력 기르기

에베레스트산을 오를 때는 쉬운 게 하나도 없다.
그저 결코 뒤돌아보지 말고 언제나 정상에
시선을 고정한 채 한 번에 한 발씩 나아갈 뿐이다.

▶ 재클린 수전

### { 엉덩이 힘 }

공부는 결국 '엉덩이 힘'이라는 말이 있습니다. 학창 시절에는 공부에 흥미도 없었고, 간절한 꿈도 없었고, 친구들과 노는 게 더 좋았습니다. 독서실에 가서도 딴 짓만 하느라 성적은 늘 좋은 편이 아니었고, 공부로 기른 엉덩이 힘도 남아있지 않았습니다. 학창 시절 기르지 못한 엉덩이 힘을 서른이 훌쩍 넘은 나이에 다시 배웠습니다. 글쓰기에도 역시 엉덩이 힘이 필요합니다. 철없던 어린 시절과는 달리 딴 짓이 허용되지 않습니다. 집중력과 간절함은 필수 옵션입니다. 나를 책임져 줄 사람은 부모님도 남편도 형제, 자매도 아닌 바로 나 자신뿐이기 때문입니다.

엉덩이 힘으로 집중 글쓰기를 꾸준히 하려면 일단 체력

이 뒷받침되어야 합니다. 무라카미 하루키는 매일 새벽 4시에 일어나 글을 쓰고, 오후에 달리기 루틴을 정확히 지키는 것으로 유명합니다. 작가는 본래 체력이 약할 것 같고, 앉아서 하는 작업이니 체력 소모가 별로 없을 것이라는 편견도 있습니다. 하지만 절대 그렇지 않습니다. 글 좀 쓴답시고 밤에 늦게 자고, 컵라면을 주식으로 먹고, 종일 앉아만 있다 얻은 것은 좋은 글이 아닌 몹쓸 병이었습니다. 가장 먼저 수면 장애가 찾아옵니다. 조용한 방에 앉으면 귀에서 '삐' 소리가 들립니다. 글에 집중하기 힘든 이명이 생겼습니다. 면역력 저하로 목구멍이 찢어질 것 같은 편도염도 얻었습니다. 폭식으로 얻은 건 역류성 식도염이고요. 명심하세요. 평소 근력운동과 유산소 운동을 꾸준히 하며 체력을 유지하는 것이 가장 좋습니다. <u>건강한 체력에서 건강한 글이 나옵니다.</u>

## { 체력이 곧 글력 }

글쓰기 체력을 기르기 위해 지키는 것 몇 가지를 더 말씀드리겠습니다. 먼저 규칙적인 수면입니다. 밤 11시 전에는 꼭 누우려고 노력합니다. 일찍 자야 일찍 일어납니다. 그래야 제가 정한 분량의 새벽 글쓰기를 수행할 수 있습니다. 영양제는 딱 2가지 챙겨 먹습니다. 수면의 질을 위해 마그네

슘은 밤에 먹고, 비타민 D는 아침에 먹습니다. 약을 좋아하는 편이 아니라 가루 형태로 달달한 영양제를 선호합니다.

또 하나 중요한 건 자세입니다. 스마트폰과 노트북 사용자들은 바른 자세가 특히 중요한데요. 저는 주로 정신 줄 놓고 살 때는 스마트폰을 들고 있습니다. 반대로 정신 줄 꽉 붙들고 있을 때는 노트북 앞에 앉아 키보드를 두드립니다. 그렇다 보니 목, 어깨, 허리에 무리가 많이 갑니다. 어깨가 내려앉을 만큼 아파서 자세 교정하는 벨트도 샀습니다. 기대만큼 드라마틱한 효과는 없었지만 착용할 때만이라도 등과 허리가 펴지는 기분은 듭니다. 평소에도 의식적으로 어깨를 쫙 펴주는 스트레칭을 자주 해주세요.

어린 시절 공부할 때도, 나이 든 어른이 되어 글쓰기 할 때도 체력이 중요한 걸 보면 머니머니 해도 건강이 최고인가 봅니다. 자신에게 최적화 된 건강한 글쓰기 루틴을 찾아 봅시다.

## 필사로 예열하기

당장 사랑하는 것을 카피하라.
카피하고 카피하고 카피하고 카피하라.
그 수많은 카피들의 끝에 자기 자신을 찾을 것이다.

▶ 요지 야마모토

막힘없이 글이 술술 써지면 얼마나 좋을까요? 글쓰기를 한 지 벌써 9년이 넘었지만 여전히 글이 술술 써지는 날은 손에 꼽힐 정도로 드뭅니다. 보통은 억지로 아무 말 대잔치라도 하자는 식으로 글을 시작합니다. 그 방법마저도 통하지 않을 때가 있는데요. 글이 정말 안 써질 때 제가 하는 방법 중 하나는 필사입니다. 필사는 글쓰기에 불을 따끈하게 지펴줄 가장 좋은 예열 법입니다. 글쓰기 진도가 안 나갈 때 필사라도 하면 죄책감이 덜 합니다. 그래서 저는 필사하는 시간이 참 좋습니다.

### { 필사 책으로 필사하기 }

'어떤 책으로 필사해야 할지 잘 모르겠다.'싶은 분은 필사 책으로 필사하기를 추천합니다. 저자가 필사하기 좋은 문장들을 수집해 엮은 책입니다. 저희 집에도 필사 책이 3권 있는데요.『따라 쓰기만 해도 글이 좋아진다』,『더 나은 문장을 쓰고 싶은 당신을 위한 필사책』,『더 나은 어휘를 쓰고 싶은 당신을 위한 필사책』입니다. 제 글도 필사를 통해 더 나은 문장, 더 좋은 글이 되길 바라는 마음으로 구매했는데요. 구매한 지 6개월 정도 지났지만 아직 한 자도 따라 적지 못했습니다. 저는 책에 하는 필사가 부담스러운 사람이었습니다. 워낙 악필이라 책에 한 번 써버리면 다음에 다시 이 책을 봤을 때 제 글씨가 방해될 것 같았습니다. 그래서 필사하기 좋은 문장으로 어떤 글귀가 나왔는지 구경만 하고 아직 필사는 못했습니다.

### { 닮고 싶은 작가의 책 필사하기 }

노래를 시작할 때도 다른 사람의 노래를 잘 듣고 따라 부르기를 연습하면 자신만의 창법을 찾을 수 있습니다. 그림을 그릴 때도 유명 작품들을 보면서 관찰하고 따라 그리면서 자신만의 화풍을 찾게 됩니다. 글도 마찬가지입니다. 좋은 글을 따라 쓰면서 글쓰기 감각을 익힙니다. 더불어 글쓰기 실력도 높일 수 있습니다.

일단 필사를 하면 우리 뇌는 글을 쓰고 있는 경험을 하게 됩니다. 그 작업만으로 큰 효과를 볼 수 있는 것이죠. '이 작가는 이런 식으로 글을 풀어썼구나.' 글을 쓰는 방식이나 새로운 단어도 배우고, 영감도 떠올릴 수 있습니다. 좋아하는 작가의 글을 필사하면 더 좋겠지요. <u>글에 빠져들어 필사하면 마치 그 작가가 되어 글을 쓰고 있는 기분을 느낄 수 있습니다.</u>

괜찮다. 내 마음은 온 우주보다 더 크고, 거기에는 울음의 자리도 넉넉하다.

▸ 한정원, 『시와 산책』 중에서

필사를 하다 잠시 멈추게 된 문장입니다. '와. 어떻게 이런 문장을 쓰지?' 저절로 감탄이 나옵니다. 여러 번 읽으면서 제 방식대로 단어를 바꿔보기도 합니다. '괜찮다. 내 아이는 온 우주보다 더 크고, 거기에는 투정의 자리도 넉넉하다.' 바꾼 문장을 마음에 새기니 하원 후 돌아온 아이의 투정도 오늘은 두렵지 않을 것 같습니다. 필사를 통해 좋은 문장을 발견합니다. 나에게 맞춤 문장으로 바꿔봅니다. 그렇게 나만의 스타일을 찾아갑니다.

저는 주로 에세이를 필사합니다. 짧은 글 한편을 어떤 방식으로 끌고 가는지 글의 짜임을 배우고 싶었습니다. 필사하기 더 좋은 글은 길이가 길지 않고, 묵직한 메시지가 담긴 글입니다. 은유, 정여울, 임경선, 한수희, 김훈 작가의 책 필사를 추천합니다. 짧은 문장을 남길 때는 손글씨로 노트에 옮겨적습니다. 책 한 권을 필사할 때는 노트북을 이용합니다.

### { 못 읽은 책 필사하기 }

눈으로만 읽어서는 도무지 진도가 안 나가는 책이 있습니다. 저에게 그런 책은 주로 고전인데요. 필사하면서 진도를 나갑니다. 지금은 원고 마감 핑계로 필사 시간을 따로 갖지 못하고 있는데요. 마감 후엔 『인간의 대지』, 『그리스인 조르바』를 필사할 계획입니다.

소설가 조정래씨는 그의 작품 『태백산맥』10권을 아들과 며느리에게까지 필사하도록 시켰다는 유명한 일화가 있습니다. 필사한 원고의 높이가 사람 키보다 높다고 하니 그 안에 얼마나 많은 시간과 노력, 정성이 담겨있을까요? 저자가 자녀들에게까지 굳이 필사를 시킨 이유를 생각해 봅니다. 그건 세상을 살아가기 위해 꼭 필요한 인내심, 성실함, 노력하는 자세를 필사를 통해 깨닫게 한 저자의 지혜였습니다.

필사는 못다 읽은 책도 읽고, 점점 더 나은 글을 쓰게 해주고, 세상을 살아가는 마음 자세까지 길러주는 글쓰기 최고의 예열 법입니다.

# 용기 한 스푼, 공개 글쓰기

> 우리는 1년 후면 다 잊어버릴 슬픔을 간직하느라고
> 무엇과도 바꿀 수 없는 소중한 시간을 낭비하고 있다.
> 소심하게 굴기에 인생은 너무나 짧다.
>
> ▸ 카네기

### { 가장 안전한 사람에게 }

직접 쓴 글을 세상에 공개한다는 건 큰 용기를 내는 일입니다. 책을 두 권 쓴 저에게도 공개 글쓰기는 여전히 두렵습니다. 그래서 저는 가장 안전한 사람에게 먼저 공개합니다. 바로 제 남편입니다. 남편은 제 글에 큰 애정은 없지만 냉철한 시각을 가진 분입니다. 남편이 오케이 해주면 '아, 이제 세상에 공개해도 되겠구나.' 큰 안전 문 하나를 통과한 기분입니다. 꼼꼼하게 제 글을 살펴주는 그가 고맙습니다.

### { 글쓰기 연습장, SNS 만들기 }

말도 많고 탈도 많은 SNS. 한순간에 빛을 보기도 하고, 큰 오해를 받아 욕을 먹기도 합니다. 유익하고, 위험한 곳이지요. <u>수많은 위험 요소에도 불구하고 SNS를 당장 시작하라고 추천합니다. 그 이유는 나를 알릴 수 있는 최고의 공간이기 때문입니다.</u> SNS는 글쓰기 연습장이자 꾸준히 쓸 수 있는 힘을 기르는 곳입니다. 그 곳에는 제 글을 응원해 주는 사람들이 있습니다.

> 나를 드러낼수록 나의 아픔을 공감하고 격려하는 사람을 더 만날 수 있다. 내 이야기를 꺼내면 꺼낼수록 내가 원하는 사람들을 만날 가능성이 더 커진다. 비슷비슷한 사람들 사이에서 동질감을 느끼는 순간, 사람들은 자신을 드러내기 때문이다. 나의 이야기는 나를 앞으로 나아가게 하는 동력이 되기도 하지만 누군가에게는 용기가 될 수도 있고, 누군가의 시작이 될 수도 있다. 그러니 안 쓸 이유가 없다.
> ▸ 곽진영, 『엄마의 첫 SNS』 중에서

SNS의 종류는 다양합니다. 본인과 잘 맞는 곳을 선택하면 되는데요. 각각의 특징을 알아보겠습니다.

인스타그램은 사진을 잘 찍어야 합니다. 감각적이고, 센스가 뛰어난 분들, 또 활발한 소통이 가능한 분들에게 추천합니다. 스토리 기능이 있어 실시간 소통하는 기분이 들면 더 친근감이 느껴집니다. 너무 긴 글보다는 짧지만, 임팩트 있는 글이 유리한 곳입니다.

블로그는 진입 장벽이 없기 때문에 부담 없이 시작할 수 있습니다. 정보가 자세하고 많은 쪽이 유리합니다. 만약 어떤 여행지에 갔다고 합시다. 보통 글은 '00계곡에 누구와 다녀왔다.' 이 정도만 씁니다. 하지만 블로그 글쓰기는 방문한 곳의 문 여는 시간, 닫는 시간, 휴무일, 주차장, 자리 선정 꿀팁, 아쉬웠던 점, 준비물 등. 다른 사람을 위한 정보를 자세히 적어줄수록 유용한 글이 됩니다.

브런치는 진입 장벽이 있습니다. 브런치 작가에 신청하면 심사를 거쳐 작가가 될 수 있습니다. 그만큼 자부심도 생깁니다. 저는 블로그 글이 정보 위주라면 브런치 글은 에세이 쪽이라는 느낌을 받았습니다. 최근에는 '응원하기'라는 제도가 생겨서 글을 쓴 작가에게 후원할 수 있는 시스템도 마련되었습니다. 아직 저는 한 푼도 받지 못했지만, 이런 제도를 만들어주신 브런치 팀에게 감사의 절이라도 올리고 싶습니다.

유튜브는 글과 영상이 함께 만들어지는 곳입니다. 글도 써야 하고, 편집해서 영상까지 만들어야 합니다. 시간과 인내, 꾸준히 하는 에너지가 좀 더 필요합니다. 영상 한 편 만들려면 큰맘 먹고 하는데요. 그만큼 나중에 보면 '만들어두기 참 잘했다.' 싶은 생각이 듭니다. 추억 영상은 미래의 나에게 주는 선물이기도 합니다.

<u>공개 글을 쓴다는 건 내가 모르는 누군가로부터 오해받을 각오를 해야 한다는 의미입니다.</u> 글쓰기를 시작한 사람이라면 누구나 가져야 할 마음의 안전망이 필요합니다. 저도 아직 SNS에 공개한 글보다 혼자 끄적인 글이 훨씬 많습니다. 하지만 병아리가 알을 깨고 나오듯, 글을 세상으로 내보낼 때 비로소 글로 성장하는 계기가 됩니다.

## '악플' 현명한 대처법

> 위대한 사람은 평론가가 아니다.
> 영광은 관중석에 앉아 선수가 어떻게 하면 더 잘할 것이라며 지적하는 사람의 것이 아니라 피와 땀과 먼지로 범벅이 된 채 경기장을 뛰고 있는 사람의 몫이다.
>
> ▸ 시어도어 루스벨트

글쓰기를 시작하면서 가장 두려웠던 건 사람들의 시선이었습니다. 저는 어린 시절부터 착한 아이로만 살아야 한다고 알았던 소심한 아이였습니다. 이제 글쓰기로 '너의 밑바닥에 깔린 어두운 부분까지 사람들에게 보여주는 거야.'라는 생각이 들었을 때 저는 두려웠습니다. 멈춰 서야 했습니다. '나는 그러면 안 되는 사람', '내가 뭐라고 글을 써.'라면서 선을 그었습니다. 스스로 그은 선에서 발을 살짝 넘겼을 때 저는 비로소 약간의 '자유'를 찾을 수 있었습니다.

### { 대부분의 사람은 내 글에 관심이 없다 }

첫 책이 나왔을 때 '세상 모든 사람들이 내 글에 집중하면 어쩌지?' 하는 엄청난 착각도 있었습니다. 하지만 다른 사람들은 제 글에 그리 큰 관심이 없었습니다. 그들은 바쁘고 세상에는 무명작가의 글 말고도 볼거리가 넘쳐납니다. 물론 제 글에 큰 관심을 가져주신 몇몇 분들도 있습니다. 그 분들의 관심이 저를 지금까지 글 쓰는 사람으로 만든 힘의 원천입니다.

### { 악플러는 괴물이다 }

공개된 공간에 콘텐츠를 생산하는 사람이라면 악플은 피할 수 없는 운명입니다. 인류 최고의 문학이라 여기는 '성경'조차도 싫어하는 사람들이 얼마나 많은지 생각해 본다면 제 글은 거기에 비할 바도 안 되겠지요. 10명의 사람이 있다면 제 글에 관심도 없는 사람이 7명, 제 글을 좋아해 주는 사람이 2명, 아예 읽지도 않고 악플을 남기는 사람이 꼭 1명 있는 겁니다.

악플을 확인하고 멘탈이 바사삭 깨지는 경험을 했습니다. 얼굴이 벌게지면서 심장이 벌렁거리고 식은땀도 나고 손이 떨렸습니다. 그 당시 길에 있었는데 지나가는 사람들이 다 괴물로 느껴졌습니다. '저 사람이 악플을 단 건 아닐까?' 무서워지기 시작했습니다. 어떻게 대응해야 할지 몰라 캡처해놓고 그 문장을 곱씹어 생각하면서 몇 날 며칠 잠도 이루지 못했습니다. 글 쓰고 영상 만드는 일을 당장 그만두고 싶었습니다. '역시 난 이런 일을 할 운명이 아니었어. 그동안 써둔 글이랑 영상 싹 다 지워야겠다. 그리고 이제 절대 안 올려야지. 숨어서만 살아야지.' 마음은 끝도 없이 어두운 동굴 속으로 들어갔습니다.

### { 현명한 악플 대처법 }

악플러들은 글을 다 읽지도 않고 뉘앙스만 파악해 악플을 남깁니다. 그저 콘텐츠 창작자를 망가뜨리고 싶은 의도 딱 하나뿐이겠지요. 그런 악플러의 손끝에 그동안 시간과 노력을 들여 만든 제 작품을 던지고 숨어버리기엔 너무 억울했습니다.

그래서 이제는 새로운 마인드를 장착하려고 합니다. 악플과 조언을 판단하는 능력을 기르는 것이지요. <u>조언이라면 받아들이고 악플이면 바로 차단, 신고하고 무시하는 방법입니다.</u>

사실 이 글을 쓰면서도 '악플이 달리면 어쩌지?'라는 불안감이 스멀스멀 올라옵니다. 하지만 어쩌겠습니다. 저는 써야 할 운명이고 하루 한 편 글쓰기조차 못 한다면 세상에서 제가 할 수 있는 일은 별로 없을 게 분명합니다. 두려움이 올라올 때면 이 글을 다시 곱씹어 읽으면서 '거를 건 거르고 나머진 무시하기로 했잖아.'라면서 저에게 쫄지 말라고 말해주려 합니다. 두려움이 많은 당신이라면, '우리, 세상에 너무 쫄지 말자고.' 새끼손가락 걸고 저와 약속해요.

## 메모의 힘

영감이 찾아오기를 기다릴 수만은 없다.
몽둥이를 들고 영감을 찾아 나서야 한다.

▸ 잭 런던

### { 『별게 다 영감』, 이승희 }

이승희 마케터의 인스타그램은 영감 보물창고를 보는 듯 신기했습니다. 별걸 다 기록하는 영감 수집가였습니다. 본인이 만났던 사람들과의 대화는 짧은 메모로 수첩에 기록합니다. 카페에서 본 냅킨에 적힌 문구 하나도 놓치지 않는 사람이었습니다. 길 가다 우연히 본 간판도 영감이 됩니다. 분식집에서 떡볶이와 순대를 먹으면서도 전용 그릇에 반해 사진을 찍고 메모를 남깁니다. 그 영감들이 모여 『별게 다 영감』이라는 책이 되었더라고요. 팬이라 바로 소장했습니다. 책을 펼치자마자 손글씨로 이렇게 적혀있었습니다.

사소한 것을 위대하게 바라보는 힘을 믿습니다. 이 책을 통해 별것 아닌 일상을 의미있는 하루로 기억하면 좋겠습니다.

• 이승희, 『별게 다 영감』 중에서

우리 주변에도 영감은 분명히 있습니다. 글 쓰면서 제 주변을 살펴보니 간식으로 먹던 '참깨 스틱'이 눈에 들어옵니다. 뚜껑을 가만 살펴보니 밑이 반반한 게 아니라 꼭 팽이 끝처럼 생겼습니다. 평소에도 수없이 본 뚜껑이지만 그냥 넘겼겠지요? 아이들 오면 신나게 '팽이 놀이'해야겠습니다. 영감은 우리 주변의 것을 특별하게 바라보는 바로 그 시선에서 출발합니다.

## { 추억의 메모 }

짐 정리를 하다 오래전 메모장을 발견했습니다. 그 시절의 저는 아이의 수유 패턴을 기록하는 왕초보 엄마였습니다. 우유를 몇 시간 간격으로 얼마나 먹었는지 아기가 태어나고 두 달 정도 상세히 기록했습니다. 오전, 오후, 밤 3칸으로 나누어 쓰기 편한 방식으로 직접 만들고 인쇄한 엑셀 틀을 보면서 그 시절의 제가 애틋해졌습니다. 또 다른 종이에는 저와 남편의 몸무게, 그날 먹었던 음식을 체크한 기록이 있었습니다. 아마도 둘이 다이어트를 굳게 결심한 날이었던 거 같습니다. 그 기록은 10일 정도 깨알 같은 글씨로 남아있었습니다. 기록이 멈춤과 동시에 실패했을 것이고, 둘은 여전히 살찐 상태라고 합니다.

　색이 바랜 종이와 그 위에 놓인 글씨를 보면서 그 시절의 저를 떠올려 봅니다. 아이의 수유 양이 하루의 전부였던 때도 있었고, 남편과의 다이어트 전쟁이 세상 무엇보다 치열했던 하루도 있었습니다. 예전부터 저는 메모하고 기록하는 걸 꽤 좋아했나 봅니다. 그 기록은 꾸준히 이어지지 않았고, 잘 정리된 기록도 아니었습니다. 하지만 제 안에 어딘가 숨겨진 '기록 유전자'라도 발견한 것처럼 기뻤습니다. 지금의 제가 10년 전 제 모습을 떠올려 보면 그저 아무 생각 없이 하루를 흘러 보낸 '철없는 미선'의 모습만 희미하게 그려졌습니다. 우연히 발견한 종이 한 장으로 '10년 전의 나름 치열한 하루를 보낸 나.'를 보게 되었습니다. 이제라도 다시 알게 되어 다행이라는 생각도 들었습니다. 지금 쓴 메모는 10년 후 나에게 보내는 지난 세월의 훈장이자 응원의 편지가 되기도 합니다.

## { 생존형 메모 }

　요즘은 메모 없이는 제대로 장을 볼 수가 없습니다. 메모 없이 갔다가 꼭 중요한 재료 하나씩은 빠트리고 돌아옵니다. 집에서도 종종 '여기 뭐 찾으러 왔더라?', '지금 뭐 하고 있었더라?' 멈춰 서서 기억을 되짚어 볼 때가 많아집니다. 이제는 생존을 위한 메모를 합니다.

글쓰기를 시작하고 메모는 제 삶에서 영역을 점점 넓혀 갑니다. 메모는 소중한 글감이 됩니다. 메모를 한다는 건 쉽게 잊지 않겠다는 의지입니다. 그 의지들이 모여 인생을 허투루 살아가지 않겠다는 중대한 다짐이 되기도 합니다. 스쳐 지나가고, 사라지는 수만 가지 생각 중 소중한 것들을 뜰채로 건져 올립니다. 메모로 오랫동안 붙잡아 둡니다.

# 메시지를 선명하게

원칙은 단 하나다. '분명하게 써라.'

> ▶ 스탕달

'아니. 그래서 이게 도대체 무슨 소리야?' 어떤 글은 몇 번을 읽어도 물음표만 가득 찹니다. 글이 와닿지 않는 이유는 주제가 하나로 압축되지 않았거나, 자료가 충분하지 않거나, 진심이 담기지 않기 때문입니다. 이때 독자는 글에서 멀어집니다.

한 꼭지에서 전달하고 하는 메시지는 하나로 압축하는 것이 좋습니다. 여러 개를 전달하려다 방향을 잃는다면 쓰는 사람도, 읽는 사람도 결국 길을 잃고 맙니다. 한 가지 주제를 정하지 않고 글을 쓰다 보면 삼천포로 빠지게 됩니다. 물론 저도 그런 경우가 많았습니다. 처음 글쓰기를 연습할 때는 의식의 흐름대로 표현하는 것이 글쓰기를 연습하는 하나의 방법입니다. 하지만 다른 사람에게 보여주는 글을 쓸 때도 의식의 흐름에 맡긴 글을 보여준다면 곤란합니다. 정리되지 않은 집을 적나라하게 보여주는 것과도 같습니다.

또 전달하고자 하는 메시지를 충분히 뒷받침해 줄 자료를 찾는 것이 중요합니다. 자신의 경험도 좋고, 어디서 들었던 이야기, 책이나 영화에서 본 자료도 좋습니다. 쌓인 자료가 많은 수록 글은 매력적이고 풍성해집니다. 평소에 다양한 자료를 수집하세요. 적재적소에 꺼내 쓸 수 있도록 정리하는 습관을 기르세요. 꾸준히 글 쓰는 작가가 되기 위한 올바른 준비 자세입니다.

글을 쓰지 않는 시간에도 일상에서 눈과 마음의 해상도를 높여 세상을 바라보세요. 글감은 점점 늘어나고 쓴 글은 점점 매력적으로 빛나게 될 것입니다. 메시지를 하나로 정하고 선명하게 써야 한다는 이 글이 삼천포로 빠지기 전에 이만 서둘러 글을 마무리하겠습니다.

# 빛나는 문장을 위해

만족은 결과가 아니라 과정에서 온다.

▸ 제임스 딘

글을 읽다 잠시 눈을 멈추고 오래 머물게 되는 문장이 있습니다. 더 오래 간직하고 싶은 마음에 색연필을 들고 밑줄도 그어봅니다. 밑줄 그은 빛나는 문장이 가진 특징 몇 가지를 살펴보겠습니다.

### { 간결한 문장 }

아무리 잘 쓴 글이라도 안 읽히면 아무 소용없습니다. 쉽고 간결한 문장들이 모이면 가독성 좋은 책이 됩니다. 초고를 쓸 때는 글을 다듬지 않고 생각나는 그대로 나열합니다. 그러다 보면 글이 상당히 길어질 때도 있는데요. 글이 길면 무슨 말인지 모르게 헷갈리는 경우가 생기고 메시지가 모호해집니다. 또 문장 간의 호응도 맞지 않을 가능성이 큽니다.

문장을 간결하게 다듬어 정확한 뜻을 전달해야 합니다. 저 같은 경우는 소리 내서 읽으며 문장을 짧게 다듬습니다. 또 길이가 최대 두 줄 이상 넘어가지 않도록 끊어줍니다.

예를 들어, 문장을 나눠보겠습니다.

평소에 다양한 자료를 수집하고, 적재적소에 꺼내 쏠 수 있도록 정리하는 습관은 꾸준히 글 쓰는 작가가 되기 위한 올바른 준비 자세입니다.
↘ 평소에 다양한 자료를 수집하세요. 적재적소에 꺼내 쏠 수 있도록 정리하는 습관을 기르세요. 꾸준히 글 쓰는 작가가 되기 위한 올바른 준비 자세입니다.

어떤가요? 훨씬 읽기 쉽고, 내용도 직관적으로 이해됩니다.

### { 뻔하지 않은 문장 }

드라마 〈폭삭 속았수다〉는 제목부터 뻔하지 않게 다가왔습니다. 처음 들었을 때는 '뭐지? 많이 늙었다는 말인가? 완전 속았다는 말인가?'라고 생각했는데요. 실제 뜻은 제주도 사투리로 '고생하셨습니다.'였습니다.

극 중 금명이 아빠 양관식씨가 금명이에게 늘 해주던 말이 있습니다.

"수틀리면 빠꾸"

책가방을 메고 학교에 처음 등교하던 날, 수능 시험 보던 날, 결혼식 하던 날에도 "수 틀리면 빠꾸"라는 말로 딸에게 애틋한 마음을 전합니다. "사랑해", "좋아해", "파이팅"이라는 어쩌면 우리가 너무 쉽게 자주 사용해서 닳아버린 말보다 훨씬 마음에 와 닿았습니다. '딸이 외줄을 탈 때마다 아빠는 밑에서 그물을 펴고 있었다.'는 이어지는 내레이션까지 제 마음을 울렸습니다.

유튜브에서 쓰는 답글에도 자동 완성 기능이 생겼습니다. 기능은 편리하겠지만 역시 뻔한 답을 남기게 됩니다. 뻔하지 않은 문장을 남기기 위해선 새로운 어휘에 관심을 가져야 합니다. 국어사전을 찾아보는 걸 추천합니다. "엄마, 초라하다는 게 뭐야?" 아이의 질문에 한 번도 뜻을 고민해 본 적 없던 '초라함'이라는 단어가 낯설게 보였습니다. 그냥 '없어 보이는 거야.'라고 답하고 싶었지만 분명 '뭐가 없는 건데?'라는 다음 질문이 예상되었기에 사전을 찾아보자고 했습니다. 네이버 국어사전에 '겉모양이나 옷차림이 호졸근

하고 궁상스럽다.'라고 나와 있었습니다. 저는 글 쓸 때보다 아이들과 끝말잇기하면서 사전을 더 자주 찾아봅니다. "어? 애들아, 먹나비라는 나비도 있어!" 저희 집 국어사전에는 4만 개가 넘는 낱말이 실려 있습니다. 좀 더 자주 들여다봐야겠습니다. 사전을 통해 새로운 단어도 배우고, 정확한 뜻도 알아갑니다.

### { 담백한 문장 }

좋은 문장의 종류 중 하나로 '담백한 문장'을 떠올리고 생각난 분은 바로 임경선 작가입니다. 저자의 소설집은 다 읽지 못했지만 그녀의 에세이를 좋아합니다. 특히 『태도에 관하여』, 『자유로울 것』, 『나 자신으로 살아가기』는 자주 열어보는 책입니다. 아무 장이나 마구 펼쳐 읽어도 매번 반하는 문장들이 있습니다.

나는 인간의 복잡성과 모순성이 지극히 인간답고 아름답다고 생각하기에 사람들의 그런 마음을 세심하고 깊게 이해하고 싶고, 그에 대한 이야기를 하고 싶을 뿐이다. 세상과 인간을 납작하게 보지 말 것. 겉으로 보이는 것이 다가 아니라 그 밑에 여러 겹의 다른 모습들이 존재한다는 것을 잊지 말 것. 나 역시도 감정을 생생하게 느끼면서 살아가고 싶다. 어쩌면 그러려고 글을 쓰는 것일지도.

▸ 임경선, 『나 자신으로 살아가기』 중에서

담백한 문장은 그녀의 삶 자체에서 나오나 봅니다. 저자의 소소한 일상은 주로 달리기, 카페, 책 위주의 인스타그램 피드로 엿볼 수 있는데요. 그분이 찍은 사진, 선택한 단어, 생각이 담긴 피드 글을 보면서 일상마저도 늘 담백한 분이라고 느껴졌습니다.

### { 생각이 많아지는 문장 }

너는 자라 내가 되겠지, 겨우 내가 되겠지.

▸ 김애란, 『비행운』 중에서

행복한 가정은 서로 닮았지만, 불행한 가정은 모두 저마다의 이유로 불행하다.

▸ 레프 니콜라예비치 톨스토이, 『안나 카레니나』 중에서

책을 끝까지 다 읽지 않았더라도 어디서 한 번쯤은 들어봤을 문장입니다. 읽고 또 읽어도 마음이 아득해지는 문장입니다. 아이를 키우는 엄마가 되고, 현실에서 느껴지는 막막함에 숨이 차오를 때가 있는데요. 문장 중 '겨우 내가 되

는 것'과 '저마다의 이유'라는 지점에서 오래 머물고 많은 생각을 하게 되었습니다. 여러 생각들이 꼬리에 꼬리를 물지만 결국 남은 인생을 나답게 살아가는 것이 가장 중요하다는 메시지만 남습니다. 서른 즈음 읽었던 책을 마흔이 넘은 지금도 다시 읽어보고 싶네요.

두 문장은 책 한 권의 주제를 그대로 담고 있기도 합니다. 이런 명문장은 얼마나 오랫동안 고민하고 글을 다듬어야 탄생하는지 저는 감히 상상할 수 없습니다. 하지만 한 가지는 압니다. 오랫동안 꾸준히 쓰면 쓸수록 문장은 더 나아진다는 것을요. 처음부터 좋은 문장을 쓰겠다는 건 욕심입니다. 꾸준히 쓰면서 글을 수정해 보세요. 저도 쓴 글을 보고 또 보면서 부지런히 다듬는 중입니다. 제 글에서도 밑줄 긋고 싶은 문장이 탄생하길 간절히 바라면서요.

# 꾸준히 글 쓰는 법

자신이 쓰는 글에 만족하는 일은 결코 없을 거예요.

▸ 페이 웰던

## { 목표를 잘게 나누세요 }

처음 시작하는 일은 누구나 어렵습니다. 아이가 어릴 적 걸음마 배우던 시절을 생각해 보세요. 수천 번을 넘어지고 다시 일어납니다. 그렇게 한 발 두 발 떼고 걷다가 곧 뛰게 됩니다. 그 뒤로 엄마 체력으로는 도저히 따라 잡을 수 없는 수준까지 진화합니다. 운전도, 수영도, 피아노, 글쓰기도 마찬가지입니다. 처음부터 잘 할 순 없지만 일단 시도했다는 자체가 대단한 일입니다. 아이가 첫 발을 떼었을 때처럼 글쓰기를 시작한 나를 칭찬해 주세요.

목표와 계획은 비슷한 듯 서로 다릅니다. 우리의 목표는 책 한 권 쓰기입니다. 하지만 계획은 하루 동안 쓸 수 있는 가장 만만한 양을 정해야 합니다. 책 한 권을 며칠 만에 뚝

딱 써보자고 계획을 잡을 수는 없습니다. 저도 책 쓰기를 처음 시작할 때는 하루에 A4 10장은 금방 쓸 수 있을 줄 알았습니다. 직접 써보기 전까지는 말이지요. A4 한 페이지가 그토록 넓은 망망대해인 줄은 미처 몰랐습니다.

지금도 여전히 하루에 A4 한 장을 쓰는 작업은 힘듭니다. 내일로 미루고 싶은 생각만 듭니다. 자꾸 딴 짓만 하고 있는 저를 보면, 꾸준히 작품을 탄생시키는 작가들이 절로 존경스러워집니다. 이쯤 되면 하루 한 장 쓰기로 했던 글쓰기 계획을 수정합니다. 하루 딱 15분 글쓰기로 말이지요. 5분이어도 좋고, 10분, 15분도 좋습니다. 꾸준히 쓰다 보면 글쓰기에도 근육이 붙습니다. 목표를 달성할 때까지 꾸준히 쓰는 힘이 가장 중요하다는 걸 책 2권 쓰면서 깨달았습니다. 아무 말 대잔치를 벌이더라도 하루 15분 글쓰기는 꼭 지키는 것이 아무것도 안 쓰는 것보단 100배 낫습니다.

### { 기준은 낮추고 진정성을 담으세요 }

저는 어설픈 완벽주의자였습니다. 어떤 결과물을 세상에 내놓았을 때 사람들의 반응이 두려워 시작조차 못하는 겁쟁이였지요. 소극적인 태도로 인생을 살다 보니 제가 할 수 있는 게 별로 없더라고요. 뭘 하든 '나보다 잘 하는 사람이 훨씬 더 많은데.', '내가 그럼 그렇지, 뭐.' 자꾸만 더 움츠려드는 저를 보게 되었습니다. 하지만 글쓰기를 시작하면서 저는 완벽보다 완성이라는 단어를 조금씩 더 좋아하게 되었습니다. 제가 아무리 기를 쓰고 글을 써도 저보다 글 잘 쓰는 사람은 수없이 많습니다. 먼저 그 사실을 인정해야 했습니다. 그래야 진도가 나가고, 제 글을 쓸 수 있었습니다. 저는 최고로 완벽한 글보다 저만의 생각이 담긴 완성된 글을 남기기 위해 노력합니다.

오직 한 가지만 생각하면서 글을 씁니다. 저처럼 글쓰기에 자신이 없고, 뭘 써야 할지 망설이는 사람들에게 가볍게 시작해 볼 수 있는 용기를 주고 싶습니다. 당신도 글을 쓸 수 있다고 동기부여해 주는 마음으로 글을 씁니다. 마음 한 구석을 글로 옮기는 작은 행동이 주는 큰 힘이 있습니다. 그 힘을 가족에게 친구에게 알리는 마음으로 글을 씁니다. 제 진심이 닿을 때까지 부지런히 써 보겠습니다.

### { 글쓰기 모임 찾기 }

나에게 맞는 글쓰기 모임을 찾아볼까요? 포털사이트에 검색하면 블로그, 카페, SNS에 다양한 글쓰기 모임이 나옵니다. 일단 온라인, 오프라인 중 어떤 방식으로 참여할지 선택합니다. 온라인 모임은 지역에 상관없이 고를 수 있다는 장점이 있습니다. 오프라인 모임은 사람들과 직접 만나 소통하면서 멤버들 간에 더 끈끈한 정을 나눌 수 있습니다. 오프라인 모임은 지역 도서관, 서점, 카페, 당근 마켓처럼 동네 중심으로 찾아봅니다. 어떤 목적으로 모임에 참여하는지, 멤버는 몇 명이 적당하다고 생각하는지, 희망 시간 등 자신만의 기준을 세워두면 선택에 도움이 됩니다. 예를 들어 저는 온라인 모임으로 매일 글 한 편씩 쓰고 나누며 글쓰기 루틴을 만들 수 있는 모임에 들어가고 싶습니다. 멤버는 10명 이내로 같이 공감대를 형성할 수 있는 엄마들이면 좋겠습니다.

### { 같은 길을 걷는 사람 }

저에게 글쓰기는 오랜 시간 혼자만의 외로운 싸움이었습니다. 지금도 선뜻 독서 모임, 글 모임에 참여하지 못하는 이유는 저의 성격 탓입니다. 더 나은 독서와 글쓰기를 위해 모임에 참석하더라도, 그 이면에 낯선 환경에서 만난 사람들을 불편해할 제 모습이 뻔히 보였습니다. 툭 던진 한마디에도 상처받는 성격 탓에 아직 한 번도 모임에 참여하지 못했습니다. 글에 집중하기보다 거기 모인 사람들을 더 신경 쓸 거 같아서요. SNS로 다른 사람들은 어떤 글을 읽고 무슨 글을 쓰는지 시도 때도 없이 구경합니다. 그럴 시간에 오프라인 모임 한 번 나가는 게 더 도움이 될 텐데 아직은 용기가 나지 않습니다.

저는 아직 혼자만의 고독한 싸움을 하고 있지만 주변에 독서 모임이나 글쓰기 모임이 있다면 참여해 보시는 걸 적극 추천해 봅니다. 등산을 가더라도 혼자 가는 것보다 함께 가면 모르던 풀 이름도 알 수 있습니다. 혼자서는 안 보이던 풍경도 볼 수 있고요. 무엇보다 나와 같은 길을 가는 사람이 있다는 것 자체만으로 큰 힘이 됩니다.

저도 언젠가는 독서 모임과 글쓰기 모임의 방장이 되는 꿈을 가지고 있습니다. 그러려면 더 많이 읽고 쓰면서 미래의 회원들과 나눌 정보와 노하우를 쌓아두겠습니다. 이 글을 읽고 계신 분들은 이미 저의 동로자이십니다. 동로자가 되어주셔서 감사합니다. 덕분에 저도 이제 외롭지 않습니다.

# 책 쓰기에 도움을 준 책

거인의 어깨에 올라타면 더 멀리 볼 수 있다.

▸ 베르나르 드 샤르트르

### { 『하루 1시간, 책 쓰기의 힘』, 이혁백 }

비전과 목표를 글로 담아 놓았을 때 가장 큰 효과를 누리는 방법, 나 자신뿐만 아니라 주변 사람들과 우주에 저절로 선포하게 되는 최고의 방법, 그것이 바로 '책 쓰기'다. 자신의 이름으로 된 저서를 통해 꿈과 비전을 선포하고, 인생의 가치를 상승시키는 최고의 방법이 바로 책 쓰기인 것이다.

▸ 이혁백, 『하루 1시간, 책 쓰기의 힘』 중에서

'나도 책을 쓸 수 있을 것 같다.'는 막연한 희망을 품게 된 책입니다. 책 읽기를 좋아하던 평범한 엄마였던 저에게 책 쓰기에 도전하고 싶은 마음을 심어주었습니다. 생각지도 못했던 '책 쓰기'를 말이지요. 첫 책을 쓸 때도 여러 번 읽으면서 기초를 배웠습니다. 요즘도 새로운 주제로 책 쓰기를 시작할 때마다 마음의 틀을 잡기 위해 다시 꺼내보는 책입니다.

### { 『작가를 위한 집필 안내서』, 정혜윤 }

2017년 한 해 동안 가장 많이 팔린 책으로 알려진 『언어의 온도』 이기주 작가의 인터뷰 기사를 본 적이 있다. '여섯 번의 실패 후에 달성한 성취이며 캐리어 한 가득 책을 넣고 시골 서점까지 가서 홍보했다'는 그의 말이 그저 '베스트셀러 작가'라고 포장하기에는 꽤나 무겁게 느껴진다. 그는 누구보다 절박함이 있었고, 여섯 번의 실패를 통해 어떤 글을 써야 할지 스스로 사색하며 고민했을 것이다. 글을 쓰고 책을 만드는 그 과정을 대하는 그의 태도, 책이 출간된 후에 자신이 할 수 있는 모든 최선을 다 한 그 행동이 '베스트셀러 작가'를 만든 것은 아닐까.

▸ 정혜윤, 『작가를 위한 집필 안내서』 중에서

이 책은 편집자가 들려주는 '집필하는 마음가짐'에 관한 책입니다. 글만 잘 쓰면 뚝딱하고 책이 나올 것 같지만 실상은 그렇지 않습니다. 원고가 출판사로 넘어가면 어떤 과정을 거쳐 책이 완성되는지, 몰랐던 부분까지 친절하게 알려줍니다. 편집자 시선으로 집필 방법을 짚어주니 실질적인 도움이 되었습니다. 가장 궁금했던 〈책 한 권이 유통되는 데

드는 비용)이나 〈출간 방향이 맞지 않는다〉는 거절 멘트는 어떤 의미로 해석해야 하는지도 속 시원히 답해줍니다. 초보 작가로서는 미지의 세계였던 출판에 대한 궁금증을 하나씩 풀어가는 책입니다.

### {『은유의 글쓰기 상담소』, 은유 }

우리가 왜 읽고 쓰는지, 근원적인 물음으로 되돌아가 답을 찾아보면 잘 살기 위해서입니다. 물질적 풍요가 아니라 인간의 존엄을 지키면서 살고 싶은 마음이죠. 그러니 인간다운 삶을 방해하는 구조와 요소를 보게 하는 책이 좋은 책이겠고, 그 책을 읽은 사람이 자기 삶의 서사까지 보태어 책의 좋음을 글로 증명한다면 믿을 만한 책 리뷰라고 생각합니다.

▸ 은유, 『은유의 글쓰기 상담소』 중에서

다른 책에서 책 쓰기의 전반적인 형식을 배웠다면, 이 책은 글쓰기 마인드를 단단하게 다져주는 책입니다. 그만큼 글쓰기 내공이 어마어마한 저자입니다. 은유 작가의 글은 『쓰기의 말들』이라는 책으로 입문했습니다. 그 뒤로 『글쓰기의 최전선』, 『나는 쓸 때마다 투명해진다』 등 여러 권의 책을 만났습니다. 사회의 어둡고 소외된 부분을 재조명한 글을 읽으면 제 글과는 차원이 다르게 느껴집니다. 존재 그대로의 글쓰기를 향한 작가님의 꾸준한 노력과 용기에 그저 존경스러운 박수를 보냅니다.

『은유의 글쓰기 상담소』라는 책이 나왔을 때 '딱 나를 위한 책이구나.' 싶었습니다. 혼자 글쓰기를 하면서 지금 하는 방법이 맞는지 고민스럽고, 답답한 구석이 많았는데요. 이 책에는 자료 찾기 법, 퇴고하는 법, 리뷰 쓰는 법 등 작가의 다양한 글쓰기 노하우가 나와 있습니다. 저의 롤 모델 중 한 분인데 1:1 과외라도 받는 것처럼 저에겐 고마운 책이 되었습니다.

## 독자의 욕망 탐구하기

앞만 바라봐서는 점들을 연결할 수가 없다.
뒤돌아봐야 점들이 선으로 이어진다.

▶ 스티브 잡스

첫 번째 책 『엄마의 심야책방』은 책을 읽으며, 나를 찾아가고 싶은 엄마들을 위해 썼습니다. 두 번째 책 『엄마의 느린 글쓰기』는 글쓰기를 통해 나를 찾고 싶은 엄마들을 위해 썼습니다. 이 책을 읽는 독자들의 욕망은 무엇일까요? '평범한 나도 책 한 권 써보고 싶다.' 아니면 '평범한 사람이 도대체 어떻게 책을 쓴다는 거야?'라는 책 쓰기에 대한 욕망 또는 궁금증을 가진 분이실 겁니다.

제가 구매한 책들을 쭉 살펴보면 책꽂이가 저의 욕망을 그대로 보여줍니다. '독서'에 관한 책은 좋은 책을 제대로 읽고 싶은 욕망으로 샀습니다. '육아'에 관련된 책은 행복한 아이로 키우고 싶었던 엄마의 욕망이 고스란히 담겨있습니다. 물론 공부를 잘해주길 바라는 마음도 있습니다. '글쓰기'

에 한 맺힌 사람처럼 글쓰기 책을 사 모은 흔적도 있습니다. 또 멘탈 관리를 위한 책, 인생을 후회 없이 잘 살아가기 위한 책도 많습니다. 이 책만 읽으면 삶이 더 나아질 것이라는 저의 욕망은 책 구매로 이어졌습니다.

저 또한 독자의 욕망을 탐구해야 팔리는 책을 쓸 수 있습니다. 요즘 사람들이 관심 갖는 분야는 무엇인지? 서점의 베스트셀러 칸에 꽂힌 책은 왜 잘 팔리는 전지? 사람들의 어떤 욕망을 건드린 건지? 끊임없이 질문하고 답을 찾아가는 습관을 가져봅니다. 그 끝에는 독자의 욕망에 한걸음 다가가 글을 쓰는 내가 있습니다.

여러분의 욕망, 세상 사람들이 갖고 있는 욕망은 어떤 모양인가요? 그 모양을 글로 풀어 쓴다면 분명 가치 있는 책, 팔리는 책이 될 것입니다. 저는 아직 베스트셀러와는 한참 거리가 먼 무명작가의 길을 걷고 있습니다. 하지만 저의 욕망과 독자의 욕망을 꾸준히 탐구하며 글 쓰는 사람이 되겠습니다.

## 팔리는 책 분석하기

아무리 가까운 길이라도 가지 않으면 닿지 못하고
아무리 쉬운 일이라도 하지 않으면 이루지 못한다.

> 채근담

요즘 시대는 책 읽는 사람이 없다고 합니다. 그럼에도 살아남는 책은 있습니다. 잘 팔리는 책은 베스트셀러가 되고, 돈을 많이 버는 작가도 존재합니다. 그 이유는 무엇일까요? 팔리는 책을 쓰려면 어떻게 써야 할까요?

### { 유명세 }

2025년 상반기 기준 베스트셀러 목록을 살펴보겠습니다. 먼저 24년 10월 노벨문학상을 수상한 한강 작가의 작품 『소년이 온다』가 굳건하게 1위를 지키고 있습니다. 한국 여성 작가가 노벨문학상이라는 위대한 상을 수상하는 경사가 있었는데요. 그로 인해 대한민국에 독서 열풍이 불었습니다. 한동안 서점 오픈런이 있을 정도로 출판시장이 들썩였습니다. 동종업계에 슬쩍 발 담그고 있는 사람으로서 대한민국 서점이 붐비는 날이 더 자주 있으면 좋겠다는 희망도 가져봤습니다. 이 글로나마 한강 작가님의 수상을 다시 한번 축하드립니다. 한국인으로서 자긍심을 갖게 해주셔서 감사하다는 말씀 꼭 드리고 싶습니다.

인지도가 높은 작가들이 책을 내면 바로 베스트셀러가 됩니다. 유시민, 김훈, 채사장, 정세랑, 유발 하라리, 무라카미 하루키 등 이름 자체가 브랜드인 작가들도 많습니다. 출판 시장은 연예인 효과도 큰 도움이 됩니다. 아이브의 장원영 씨가 TV 프로그램에 나와 현재 읽고 있는 책으로 소개한 『초역 부처의 말』이 상위권에 자리 잡고 있습니다. 이 정도 효과라면 다음 읽을 책을 선정할 때마다 종종 소개해 주시면 좋겠습니다. 그럼 출판시장도 음반 시장만큼 덩달아 활기가 생기지 않을까요?

은유 작가의 북토크를 간 적이 있습니다. 그때 맨 처음 소개해 주신 책이 『쓰기의 말들』이었는데요. 이 책은 연예인 박보검 씨가 예능 프로에 나와 읽어서 더 유명해진 책이라고 합니다. 작가의 흐뭇한 미소와 함께 박보검 씨가 초록색 작은 책을 들고 있는 사진을 보니 부러운 마음도 들었습니다. 제 책도 연예인 효과를 볼 수 있는 날이 과연 올까요?

유혜주, 조정연씨의 『우리는 사랑 안에 살고 있다』라는 책이 상위권에 있습니다. SNS 시대이니 만큼 인플루언서가 책을 내면 팬들의 힘으로 베스트셀러가 될 수 있습니다. 귀여운 아기와 강아지까지 함께하는 일상으로 많은 사람들에게 행복을 선물하는 분들입니다.

우연히 유튜브에서 임승원의 인터뷰하는 영상을 보게 되었습니다. 한 인터뷰 영상만으로 그 분이 갖고 있는 신념에 강한 매력을 느꼈습니다. 바로 검색해서 유튜브 채널 〈원의 독백〉을 구독했습니다. 진한 오렌지색으로 덮인 책 『발견, 영감 그리고 원의 독백』까지 구매하게 되었습니다.

결국 내가 유명해지던지 유명한 사람이 내가 쓴 책을 읽어준다면, 그 책은 서점 시장을 들썩이게 만들 주인공이 될 수 있습니다.

{ 삶에 도움이 되는 책 }

하루에도 200권이 넘는 책이 신간으로 나온다고 합니다. 그중 독자의 선택을 받은 책은 어떤 책일까요? 저는 책을 쓰는 생산자이자 책을 읽는 소비자 중 한 사람입니다. 소비자 입장에서 최근에 제가 산 책을 분석해 보겠습니다.

먼저 유병욱 작가의 『인생의 해상도』와 오하림 작가의 『카피라이터의 일』입니다. 두 분 모두 카피라이터라는 직업을 갖고 있습니다. 저는 카피라이터가 쓴 책을 상당히 좋아합니다. 오하림 작가의 책에서 카피라이터라는 직업을 '좋은 점을 찾아 큰 소리로 외치는 일'이라고 소개한 문장을 만났는데요. 저도 모르게 고개를 끄덕이며 박수를 치게 되었습니다. 너무 딱 맞는 표현이라서요. 카피라이터는 늘 좋은 점을 찾아다니고, 사람들에게 짧고 굵게 큰 소리로 외치는 게 일상인 사람들입니다. 그래서 책에 담긴 표현도 새롭고 남다르게 느껴집니다. 신선한 표현법이나 창의적 발상을 보면서 영감을 얻고 싶은 마음에 고른 책입니다.

다음 책은 『통증이 잡힌다』입니다. 저희 남편이 2달이 넘게 왼쪽 다리를 절고 다닙니다. 병원도 여러 군데 가보고 검사도 해보고 주사도 맞고 약도 먹고 물리치료도 열심히 받고 있는데요. 여전히 뾰족한 수가 보이지 않아 더 큰 병원으로 가봐야 하는 건 아닌지 걱정만 가득합니다. 남편은 집에서도 폼롤러와 작은 공으로 다리 운동을 하는데요. 통증으로 잠을 못 이룰 만큼 삶의 질이 확 떨어졌습니다. 남편이 다리 통증에서 해방되길 바라는 마음으로 책을 구매했습니다. 미우나 고우나 남은 인생 건강하게 알콩달콩 잘 살아가고픈 소망을 담아서요.

마지막 책은 『이어령의 마지막 수업』입니다. 그분이 살아온 삶의 통찰을 엿보고 싶었습니다. 사실 이 책은 사 놓고 아직 한 장도 읽지 못했습니다. 보통 책을 사면 궁금한 마음에 한 페이지라도 넘겨보게 되는데요. 이 책은 더 오래 묵혀두었다가 제 삶이 흔들리는 엄청난 순간에 이어령 선생님을 찾아가 답을 구하듯 페이지를 넘겨보려 합니다.

제가 최근에 구매한 책으로 이유를 분석해 보았는데요. 『보통 엄마의 책 쓰기』는 어떤 분들에게 도움이 될지, 또 어떤 분들이 구매해 주실지 다시 한번 생각해 보게 되었습니다. 여러분도 지금 쓰고 싶은 책이 어떤 사람들에게 도움을 줄 수 있을지 정확히 짚어보세요. 책을 쓰는 데 도움이 됩니다. 책을 받은 분에게는 분명 더 큰 도움이 될 수 있습니다. 주는 사람으로 사는 삶. '기버(giver)'가 세상을 사는 최후의 승자라고 합니다. 내가 가진 것을 다른 사람을 위해 도움 줄 수 있는 책으로 만들어 진정한 '기버(giver)'가 되어보세요.

### { 좋은 책은요 }

좋은 책은 다른 사람에게 도움을 주고, 읽는 이로 하여금 소망을 품게 하는 책이라고 생각합니다.

작디작은 책 한 권은 나도 신선한 글을 쓰고 싶다는 소망, 남편의 다리 통증을 사라지게 해주고 싶다는 소망, 삶의 통찰을 배우고 싶다는 소망, 내 꿈을 이루고 싶다는 소망 등 다양한 소망을 담을 수 있는 그릇입니다. 오랜 시간 책을 읽으면서 가족이 건강하기를, 아이들이 바르게 잘 자라기를, 결국 내 삶이 행복해 지기를 간절히 바랐습니다.

  새로운 시각으로 찌들었던 일상을 다시 보게 하는 것. 자신의 언어와 충분한 논리로 독자에게 친절하고 자세히 설명해 주는 것. 결국 당신의 미래도 충분히 희망적이라는 걸 보여주는 책이 좋은 책입니다. 저도 책을 읽으면서 책 쓰기에 대한 소망을 품고 결국 이루었습니다. 세상에는 새로운 책이 물밀듯이 쏟아지지만, 정작 내 가슴을 뛰게 만드는 책을 만나는 건 쉽지 않습니다. 저 또한 글을 쓰고, 많은 책을 읽지만, 마음에 와닿는 책을 만나는 건 마치 네잎클로버를 찾는 것만큼 어렵습니다.

  책을 쓰는 사람과 책을 읽는 사람 모두 진심이어야 합니다. <u>결국 진심은 통하리라 믿습니다.</u> 제 글에도 진심을 담고, 여러분의 읽는 마음에도 진심이 담긴다면 우리는 언젠가 다시 만나게 될 것입니다. 그날을 손꼽아 기다립니다.

# 4장.

## 보통 엄마가 투고부터 홍보하는 법

# 첫인상 · 출간 계획서 작성하기

결코 이루어지지 않을 것 같은 일도
알고 보면 이루어지기 직전일 때가 많다.

▶ 토니 로빈스

    출간 계획서는 지금까지 쓴 초고를 단 한 장으로 요약한 문서입니다. 즉 내 글의 첫인상입니다. 그래서 출간 계획서에는 심플하고 핵심적인 내용이 담겨야 합니다. 처음부터 계획서를 작성하고 글을 쓰지는 않습니다. 글을 쓰면서 하나둘 채워나간다고 생각하면 됩니다. 출판사마다 요구하는 양식이 다를 수는 있지만 대체로 비슷합니다.

### { 튀어야 산다 · 제목과 기획 의도 }

    아무리 좋은 원고라 해도 편집자의 눈에 들지 못하면 책으로 탄생할 기회가 무산됩니다. 출간 계획서 작성에 목숨을 걸라고 할 정도로 책의 생사 여부가 달려있습니다. 따라서 최대한 편집자의 눈에 띄게 작성해야 하는데요. 그럼 편집자가 눈여겨볼 만한 출간 계획서에는 어떤 특징이 있는지 살펴보겠습니다.

<u>가장 신경 써야 할 부분은 바로 제목입니다.</u> 우리도 서점에 가서 책을 고를 때 일단 제목부터 보고 책을 펼쳐보게 되잖아요. 한 번 보면 절대 잊을 수 없는 제목들이 있습니다. 예를 들면 『책은 도끼다』라는 제목은 '도끼'라는 단어가 심장에 확 꽂히는 효과를 줍니다. 『죽고 싶지만 떡볶이는 먹고 싶어』는 정신과 상담을 받은 내용을 담은 책인데요. 죽음이라는 무거운 단어와 떡볶이라는 일상적 단어를 조합해 만든 제목이 독자의 흥미를 끈 책입니다. 그 외에도 '아무튼' 시리즈로 만든 제목도 신선했습니다. 『아무튼, 술』, 『아무튼, 여름』, 『아무튼, 망원동』등. '묻지도 따지지도 마. 아무튼 난 이게 좋아!'라고 외치는 저자의 모습까지 상상하게 되는 제목입니다.

내 원고를 가장 잘 표현할 수 있는 단어의 조합으로, 한 번 보면 편집자의 마음을 확 사로잡을 수 있는 제목이 필요합니다. 다음은 『엄마의 느린 글쓰기』때 제가 고민해 본 후보 제목들입니다.

〈게으른 엄마의 부지런한 글쓰기〉

〈나를 찾는 엄마의 글쓰기〉
〈꿈을 이루는 엄마의 처음 글쓰기〉
〈꿈꾸는 엄마의 글쓰기〉
〈흔들리지 않는 엄마의 글쓰기〉
〈나를 찾는 엄마의 새벽 글쓰기〉
〈엄마의 글 쓰는 새벽〉
〈평범한 엄마의 빛나는 글쓰기〉
〈엄마가 자라는 글쓰기〉
〈느린 엄마의 꾸준한 글쓰기〉

다 비슷해 보이지만, 들어간 단어에 따라 조금씩 다른 분위기를 풍깁니다. 단어 선택에 따라 책 전체의 분위기를 좌우할 수 있는 것이 바로 제목입니다.

두 번째 핵심은 바로 기획 의도입니다. 원고 투고를 받은 출판사에서 가장 먼저 하는 생각은 무엇일까요? '이 책 몇 부나 팔릴까?'입니다. 출판사는 팔릴만한 원고에 투자하는 곳입니다. 기획 의도를 쓸 때는 이 원고가 왜 책으로 나와야 하는지, 어떤 사람들이 이 책을 사게 될 것인지 적습니다. 따라서 출판사에는 어떤 이익이 있을지 입장을 바꿔 생각하고 작성해 봅니다.

엄마라는 사람은 한 아이를 먹이고, 입히고, 씻기고, 재우느라 하루가 바빴습니다. 편집자는 책이라는 아이를 추가, 삭제, 수정, 보완하고 새 옷을 입혀 세상으로 보낼 준비를 하는 사람입니다. 세상에서 제일 바쁜 책 엄마입니다. 맡은 책 만들기도 바쁜데 투고 원고까지 여유롭게 확인할 편집자는 매우 드물 것입니다. 바쁜 그들을 위해 우리는 최대한 심플하고 강력한 메시지가 담긴 출간 계획서를 만들어 편집자의 눈에 띄는 수밖에 없습니다.

### { 출간계획서 작성 예시 }

그럼 제가 직접 작성하고, 투고까지 했던 『엄마의 느린 글쓰기』 출간 계획서를 살펴보겠습니다.

① 가제: 『엄마의 느린 글쓰기』

글을 쓰면서 마음에 심어 둔 가제목을 작성합니다. 보통 편집 과정을 통해 책에 가장 잘 어울리는 제목으로 바뀝니다. 저는 『엄마의 심야책방』, 『엄마의 느린 글쓰기』 두 권 모두 처음 제시한 제목 그대로 책이 나왔습니다. 최고의 제목이라 할 순 없어도 제가 직접 정한 제목이라는 자부심은 갖고 있습니다.

② 저자 소개
　・두 아이를 키우며 책을 읽고, 글을 쓰며, 영상을 만들고 살아갑니다.
　・책 『엄마의 심야책방』(2018)
　・유튜브 채널 《엄마의 심야책방》(2019)

스무 살 면접 보던 시절 이후로 자기소개를 한다는 건 쑥스럽지만, 짜고 짜내서 칸을 채워봅니다. 자기소개에 업적 한 줄을 더해 줄 유튜브 채널을 시작했던 것도 신의 한 수였습니다. 자신을 최대한 어필할 수 있는 내용을 적어봅니다.

③ 분야
　국내 도서 / 자기 계발 / 글쓰기

내 책이 서점 매대의 어느 분야에 있을지 생각해 봅니다.

④ 집필 의도
　글쓰기가 필요한 엄마들 또는 글쓰기를 시작하는 엄마들을 위한 글 지도가 되어 준다.

이 글을 쓰게 된 이유입니다. '유명해지고 싶어서.' 또는 '내 이름으로 된 책을 내고 싶어서.' 같은 자기중심적 이유보다는 글이 세상에 나왔을 때 독자들에게 어떤 영향을 줄 수 있을지 쓴다면 더 설득력 있게 보입니다.

⑤ 주제
글쓰기로 온전한 나를 찾아가는 엄마

긴 원고에 담겨 있는 함축적 주제를 적습니다.

⑥ 대상 독자
35-40세 아이를 키우며 삶의 의미를 찾고 싶은 엄마

모든 사람을 독자로 정할 순 없습니다. 대상의 성별, 나이, 직업 등을 그려보며 뾰족하게 선정해 봅니다.

⑦ 원고 완성 시기 및 분량
23년 11월 / A4 123매

완성된 초고를 출판사에 보낼 수 있는 시기와 원고 매수를 예상해 적습니다.

⑧ 목차 + 샘플 원고

작성한 목차와 샘플 원고 A4 30p를 pdf 파일로 첨부합니다.

그 외에도 유사 도서, 마케팅 홍보 아이디어, 이 책의 장점 등 책을 잘 나타낼 수 있는 핵심 내용을 출간 계획서에 담습니다. 출판사에 보여주는 원고의 첫인상이니 최대한 간략하고 매력적인 출간 계획서를 작성한다면 분명 여러분의 원고를 알아봐 주는 편집자를 만나게 될 것입니다.

## 다양한 · 출간 방식

인생의 가장 큰 영광은 한 번도 실패하지 않음이 아니라 실패할 때마다 다시 일어서는 데 있습니다.

▶ 넬슨 만델라

### { 자비 출판 VS 기획 출판 }

출판은 크게 자비 출판과 기획 출판으로 나눕니다. 자비 출판은 말 그대로 얼마가 되었든 내 돈 들여서 책을 출간하는 방법입니다. 저도 '돈 내고 책 냈냐?'는 질문을 많이 받았는데요. 저 그리고 여러분이 원하는 건 자비 출판이 아닌 출판사 돈으로 내 책을 만들어주는 기획 출판입니다.

출판사에서는 투박하고 거친 초고를 세상 사람들이 보기 편하게 다듬어 질서를 잡아줍니다. 저는 괜찮은 책을 만나면 제목을 본 다음 출판사를 봅니다. 직업병인지 바로 출판사에서 나온 책을 검색해 봅니다. 몇 권의 책을 냈는지, 책이 나오는 주기는 얼마나 걸리는지, 최근까지 꾸준히 책을 만들고 있는지 꼼꼼히 확인하고 메모해둡니다.

출판사를 선정할 때 어떤 분야의 책을 주로 내는 곳인지 살펴보는 것도 중요합니다. 육아서를 주로 내는 곳에 소설을 보내면 찬밥 신세가 될 것이고, 소설을 주로 출간하는 곳에 자기 계발서를 보내도 실패할 확률이 높습니다. 출판사에서 그동안 낸 책들을 쭉 살펴보면서 내가 쓴 글에 맞는 출판사를 찾아보세요. 예를 들어, 알라딘 사이트에서 '카시오페아' 출판사를 검색하면 육아 3위라는 정보와 브랜드 지수가 나옵니다. 출간된 책을 살펴보면 부모들에게 도움이 되는 육아서가 많은 편입니다. '문학동네' 출판사는 일본 소설 1위라는 타이틀을 가지고 있습니다.

### { 전자책 출간 }

이 책의 초고를 작성하면서 분량을 최소한 짧게 마무리하고 싶었습니다. 그래서 처음엔 A4 60p 정도로 끝냈습니다. '계약되면 좀 더 써야지.'하는 마음으로 투고했지만 연락 온 곳이 없었습니다. 그래서 전자책 출간을 마음먹었습니다.

전자책의 장점은 일단 분량에 대한 부담이 없고, 수익률이 높다는 점입니다. 종이책 인세가 10%라면 전자책 인세는 40-70%입니다. 한 권을 팔아도 몇 배 이상인 셈이니 수

익 면에서 더 낫다는 생각이 들었습니다. 또 형식적인 면에서도 자유로우니 부담 없이 도전했습니다. 전자책 만드는 사이트 중 〈유페이퍼〉라는 곳을 선택했습니다.

전자책 출간은 종이 책보다 훨씬 쉬울 줄 알았는데 세상에 쉬운 일이 어디 있겠습니까. 일단 목차에 페이지 수 넣는 작업부터 애를 먹었습니다. 한글 파일 기능을 알았다면 수월했을 텐데, 기능까지 알아볼 여유가 없었습니다. 일일이 세서 수작업으로 만들었습니다. 다음 미션은 표지였습니다. 출판사에서 해주는 작업을 혼자 다 하려니 진이 빠지기 시작했습니다. '이 시간에 원고 작업을 더 하는 게 낫지 않나.'라는 생각도 들었습니다. 더 중요한 건 제가 아무리 정성 들여 작업을 해도 완성도 면에서 만족스럽지 않다는 점을 인정해야 했습니다.

결국 오기로 완성해서 〈유페이퍼〉에 전송 버튼을 눌렀습니다. 얼마 후 반송 메일이 도착했습니다. 페이지 수와 형식 때문이었습니다. 기운이 쑥 빠졌습니다. 분량을 더 늘려야 한다면 전자책으로만 출간하기 아쉬운 마음이 들었습니다. 아무래도 시간과 정성을 들여 쓴 글이었고, 종이 책이 있어야 한 사람의 독자라도 더 만날 수 있을 것 같았습니다. 그래서 원고를 덮어두고 못 본 척하다 3개월 정도 지난 후 보완작업을 시작했습니다. 분량을 더 채워 종이책 출간으로 재도전했습니다.

결국 저는 전자책 출간을 끝까지 도전하지 못하고 방향을 틀었습니다. 하지만 진입장벽이 훨씬 낮고, 수익률도 높다는 전자책만의 장점도 있으니 도전하는 분들이 더 많아지면 좋겠습니다.

## { 텀블벅 펀딩 }

투고 메일을 보냈던 한 출판사에서 텀블벅 펀딩을 해보자고 제안하셨습니다. 텀블벅 펀딩은 창의적인 시도를 함께 실현시키는 펀딩 커뮤니티로 문화 예술, 출판, 패션, 게임까지 다양한 분야의 크리에이터 프로젝트를 후원할 수 있는 곳입니다. 저는 펀딩 프로젝트가 낯설었습니다. 또 두 번째 책을 내고 얼마 되지 않았던 때라 책 홍보에 많이 지쳐있었습니다. 세 번째 책이 나오기도 전에 또 사람들을 모아 펀딩 금액을 채워야 된다는 압박감에 거부감이 먼저 들었습니다. 그래서 결국 텀블벅 펀딩 제안은 포기했습니다. 그로부터 1년 정도 지난 지금은요. 사실 지금도 마음으로는 망설여지는 게 사실입니다. 하지만 다시 한번 기회가 온다면 눈 질끈 감고 도전해 볼 것 같습니다. 이제는 더 이상 물러날 곳이 없기 때문입니다. '뭐든 해봐야지.' 해보고 실패해도 거기서 또 얻는 배움과 깨달음이 있다고 생각합니다. 텀블벅에는 번뜩이는 아이디어로 후원을 기다리는 크리에이터들이 많습니다. 그분들의 열정과 에너지에 저도 함께 동참해 보고 싶습니다.

### { 공저 VS 단독 출간 }

혼자서 책 한 권 분량을 다 채우기 어렵게 느껴진다면 공저 출간으로 시작해 보는 것도 좋습니다. 이때 중요한 건 같이 쓰는 분들의 조합이 얼마나 잘 맞아서 '더 큰 시너지효과를 낼 수 있는가.'입니다.

한뜻으로 모인 사람들이 끝까지 자기가 맡은 분야에 최선을 다해서 글을 마무리해야 합니다. 그럼 의미 있는 책 한 권을 완성시킬 수 있습니다. 하지만 시작은 공저로 하더라도 언젠가는 꼭 자신만의 이야기로 책 한 권을 채우는 단독 출간을 준비하시길 바랍니다.

## 출판사 · 선정하는 법

편집자들은 늘 옳다.
그들과 말다툼하지 마라.

▶ 마크 스쿠젠

### { 대형 출판사 }

대형 출판사는 체계가 잘 갖춰져 있고, 출판사 이름만으로 홍보가 저절로 된다는 장점이 있습니다. 다양한 마케팅 방법으로 모든 걸 믿고 맡기면 베스트셀러까지 꿈꿔 볼 수 있습니다. 하지만 그만큼 글을 잘 쓰는 작가나 인지도 높은 유명인이 아니면 진입 장벽이 높습니다. 투고 경쟁도 치열하다는 치명적 단점이 있습니다.

### { 소형 출판사 }

작은 출판사는 의사결정이 빠른 편입니다. 대형 출판사에서는 담당자부터 상사까지 몇 단계를 거칠 때 한 사람이 직속으로 출간 여부를 결정할 수 있습니다. 작은 출판사의 또 다른 장점은 투고 원고를 진심으로 읽어줄 가능성이 높습니다. 보통 대형 출판사에서는 투고가 접수되었다는 자동 발송 메일이 옵니다. 하지만 작은 출판사에서는 직접 내용을 작성해서 답 메일을 보내주기도 합니다. '투고해 주신 원고는 조금 늦더라도 다 읽어본다.'는 답장을 받았을 때 큰 위안이 되었습니다.

작은 출판사의 단점은 적은 인원으로 일하다 보니 책 나오는 시기가 많이 늦어질 수 있다는 점입니다. 또 그런 일은 절대 없어야겠지만 중간에 담당자가 바뀌거나 회사 사정이 안 좋아질 경우 책이 나오지 못하게 될 수도 있다고 합니다.

### { 출판사 선택 기준 }

그럼 제가 선택하고 싶은 출판사는 어떤 곳일까요? 먼저 올바른 신념을 가진 출판사 대표의 경영철학이 있는 곳입니다. 투고한 메일을 보고 담당자가 연락 오는 경우도 있지만, 대표님이 직접 연락하신 적도 있었습니다. 연세가 지긋한 출판사 대표님의 전화를 받고 놀랐는데요. 본인의 출간 철학과 살아온 이야기를 들려주셔서 선생님을 만난 기분이었습니다.

책이 입을 옷을 사주는 사람은 출판사 대표지만, 옷을 고르고 직접 입혀주는 사람은 편집자입니다. 자주 바뀌지 않고, 우직하면서도 센스를 장착한 편집자가 있는 출판사라면 더없이 좋은 출판사입니다. 이슬아 작가가 꼭 일해보고 싶은 편집자에게 구구절절 편지글을 적어서 어필했다는 북토크 영상을 본 적이 있습니다. '이슬아 작가처럼 대작가도 편집자를 향한 구애의 노력을 하는구나.'싶어 흠칫 놀랐습니다. 실질적으로 출판사 대표와는 계약서 도장으로만 만나고, 편집자와 주로 소통하며 책을 만듭니다. <u>내가 쓴 원고에 꼭 맞는 옷을 입혀줄 편집자의 센스가 곧 출판사의 능력이기도 합니다.</u>

두 번째로 중요한 점은 출간 시기 및 그 외 행정적 절차를 깔끔하게 처리하는 출판사를 골라야 합니다. 출간 시기가 6개월 이상 미뤄진다면 기다림에 지쳐 책 완성까지 흐름이 끊길 수도 있습니다. 출판사와 조율을 잘 해야 할 부분입니다. 인세 및 계약금을 지급하기로 한 날짜에 제때 맞춰 지급해 주는 것 또한 글쓰기 의지를 활활 북돋아 줄 힘이 됩니다.

세 번째는 출판사가 원고에 어느 정도 관여해서 수정 디렉팅을 해주는지 확인해야 합니다. 예를 들어, 원고 콘셉트를 아예 새롭게 바꿔주는 곳도 있습니다. 윤문(글을 매끄럽게 만드는 것)과 교정 교열(문장 구조, 맞춤법, 문법 등)을 대략적으로 봐주는지, 세밀하게 봐주는지 정도의 차이도 있습니다. 교정을 아예 안 해주는 곳도 있습니다. 출판사마다 다른 부분이라 계약 전에 꼭 확인하셔야 합니다. 그 외에도 출판사가 내세운 마케팅 수단을 살펴보고 선택하는 방법도 있습니다.

## 투고 · 메일 보내기

용기란 두려움의 부재가 아니라
두려움에도 불구하고
당당하게 계속 뻗어 나가는 능력을 의미한다.

▶ 스콧 터로

### { 투고 방식 확인 }

대부분 출판사가 메일로 투고를 받습니다. 예전에는 손으로 원고를 써서 출판사에 우편으로 보내거나 직접 가지고 가는 경우도 있었습니다. 요즘은 메일 발송만으로 충분합니다. 대형 출판사는 홈페이지에 〈원고 투고〉 메뉴가 있습니다. 예를 들어 넥서스, 다산북스, 웅진지식하우스, 알에이치코리아, 21세기북스 등이 있습니다. 검색창에 출판사를 검색하고 홈페이지를 통해 원고 투고 방식을 확인해야 합니다.

### { 출판사 메일 주소 수집 }

보내고 싶은 출판사를 선택했다면 이제 발송 단계입니

다. 책의 맨 앞 장 또는 맨 뒤 장을 살펴보면 판권 페이지가 나옵니다. 출판사의 연락처 및 메일 주소를 확인할 수 있습니다. 저는 책을 읽을 때 괜찮은 출판사라고 생각되면 메일 주소를 엑셀 파일에 기록합니다. 엑셀 파일은 투고일, 출판사명, 메일 주소, 비고 칸으로 만들었습니다. 원고를 쓰면서 틈틈이 출판사 목록까지 정리해 두면 미래의 내가 편해집니다.

판권 정보를 수집하다 보면 친절한 멘트를 적어둔 출판사도 있습니다. "여러분의 소중한 원고를 기다리고 있습니다." 또는 "원고 투고를 환영합니다." 라는 짧은 메시지는 예비 저자의 마음을 설레게 만듭니다.

### { 투고 메일 작성 }

출판사의 원고 투고 방식과 메일 주소를 확인했다면, 이제 투고 메일을 작성합니다. 『엄마의 느린 글쓰기』 투고 메일 내용을 참고해 주세요.

접수일 : 00년 00월 00일

이름 : 000

연락처 : 000-0000-0000

메일 주소 : 0000@00000.000

원고 분야 : 국내 도서 / 00 / 000

안녕하세요.
2018년 『엄마의 심야책방』이라는 책을 출간하고,
이후 5년 동안 방황하던 글쓰기를
고요한 새벽 시간에 다듬어 마무리한 글입니다.

『엄마의 느린 글쓰기』 저의 두 번째 책을
<0000> 출판사와 함께 만들어보고 싶습니다.
출간 계획서 및 원고 일부를 첨부합니다.
부족한 글이지만 검토해 주시면 감사하겠습니다.
책과 글로 따듯한 하루 보내시기를 진심으로 바랍니다.


### { 몇 군데에 보낼까요? }

투고할 때마다 마음이 참 아리송해집니다. 아이를 처음 어린이집에 보내던 날, 또는 아이를 군대 보낼 때도 딱 이 마음이 아닐까 싶습니다. 애써 쓴 원고를 세상으로 보내야 할 때입니다. 저는 새벽 5시에 일어나 경건한 마음으로 메일을 발송했습니다. 『엄마의 심야책방』은 58곳에 투고했고, 5곳에서 긍정적인 답을 받았습니다. 『엄마의 느린 글쓰기』

는 51곳에 투고해서, 2곳에서 출간 제안을 받았습니다. 세 번째 책을 준비하면서도 출판사 리스트는 꾸준히 업데이트했습니다. 100군데, 200군데도 좋습니다. 그 중 우리의 원고를 알아봐 줄 출판사 딱 한 군데만 찾으면 됩니다.

### { 주의 사항 }

메일을 보낼 때, 주의해야 할 점은 출판사마다 한 군데씩 발송해야 한다는 점입니다. 받는 사람에 투고한 출판사 목록이 주르륵 적힌 투고 메일을 받고 기분 좋을 담당자는 없을 것입니다. 저라도 그리 달갑지 않을 거 같습니다.

저는 이번 원고 투고를 하면서 치명적인 실수를 했습니다. 출간 계획서와 원고 파일을 내용이 아예 없는 공파일로 보낸 것입니다. 투고 메일을 수십 군데 보내고도 어떻게 확인 한 번을 안 했는지 귀신에 홀린 기분이었습니다. 그 오류는 한 출판사에서 파일 내용이 없다는 답 메일을 보내주셔서 알게 되었습니다. 처음 메일을 받고 얼굴이 벌게지면서 너무나 절망적이었습니다. 보냈던 모든 메일을 열어 보면서 파일 내용이 없다는 걸 다시 확인했습니다. 알려주신 출판사가 저에게 귀인이었습니다. 지금은 계약까지 하게 되어 정말 감사한 마음으로 작업하고 있습니다.

여러분은 저처럼 실수 없이, 정성스레 쓴 원고인 만큼 메일 발송에도 간절한 마음을 담아 투고하시길 바랍니다.

# 언제쯤 연락이 올까? · 끝없는 기다림

인생의 가장 강력한 두 전사는 인내심과 시간이다.

▸ 레프 톨스토이

이제 원고는 돌이킬 수 없는 강을 건넜습니다. 하염없이 기다리는 수밖에 없습니다. 썼던 원고라도 다시 읽으며 수정하면 좋을 텐데 원고가 도무지 눈에 들어오지 않습니다.

## { 바로 연락 오는 유형 }

첫 원고는 운이 좋게도 원고 투고 후 이틀 만에 계약하자는 연락을 받았습니다. 편집자님가 이렇게 바로 연락 하는 일은 드문데, 제목에 끌려 열일 다 제쳐두고 연락한다는 메일을 주셨습니다. 생애 첫 투고로 받은 긍정적 메일이라 더 두근거렸습니다. 글 쓴다고 혼자 외롭게 싸워왔던 그동안의 시간을 보상이라도 받은 듯 떨리고 기뻤습니다.

## { 한 달 만에 연락 오는 유형 }

『엄마의 심야책방』 투고 메일을 보내고 거의 한 달 만에 연락이 왔던 출판사도 있었습니다. 대형 출판사였습니다. 그때 저는 이미 다른 출판사와 계약이 끝난 상태였습니다. 한 달 만에 연락 왔던 곳은 제가 찜했던 1순위 출판사였습니다. 연락을 받고도 믿기지 않아 '제 원고 보고 연락주신 거 맞냐고.' 몇 번을 다시 물었습니다. 아쉬움도 남았지만 '원고 제대로 잘 써서 또 도전해보자!'라는 희망도 생겼습니다.


## { 연락 안 오는 유형 }

끝없는 기다림은 두 번째 원고를 작성하면서 시작되었습니다. 〈우리 엄마는 초보 작가입니다〉라는 기획만 만들어 대충 쓴 원고로 투고했습니다. 하루가 지나고 이틀이 지나고 한 달이 지나도 감감무소식이었습니다. 메일함을 5분에 한 번씩 새로 고침하며 들락날락했습니다. 혹시 하는 마음에 스팸 메일함까지 수시로 뒤져봅니다. 수신 확인 창도 부지런히 확인합니다. 마치 짝사랑하는 동네 오빠에게 고백 문자라도 보낸 사람처럼 떨리는 마음을 부여잡으며 안절부절못하는 꼴입니다. 투고한 출판사들은 다 같이 잠수타자고 짜기라도 한 듯 조용합니다. 그래도 역시 시간이 약인가 봅니다. 언제 상처받았냐는 듯 저는 또 다음 원고를 준비하고 있으니까요. 이번엔 원고 투고 후 인터넷이 안 터지는 오지를 찾아 떠나야 될 거 같습니다.

## { 거절 메일이 도착했습니다 }

투고 후 보통 1-2주 정도 지나면 '저희 출판사와 출간 방향이 맞지 않아…'라는 내용으로 거절 메일이 옵니다. 처음엔 거절 메일이라도 보내준 출판사에 감사한 마음이 들었습니다. 더 이상 희망고문하며 기다리지 않아도 되니까요.

하지만 거절 메일을 연속으로 5통 이상 받은 날엔, '나는 역시 글 쓸 자격이 없는 사람인가 봐.' 싶을 정도로 깊은 우울감에 빠지게 됩니다. 새로운 메일이 오는 게 두렵습니다. 새 메일함에 온 스팸메일이 오히려 반갑게 느껴집니다.

고생해서 원고를 완성하고, 할 수 있는 일이 고작 거절 메일을 기다리는 것뿐이라는 현실은 꽤 속상한 일입니다. 계속된 거절 메일과 답장조차 없는 출판사의 연락을 기다리면서 글쓰기로 단단하게 굳혔던 마음 한쪽이 조금씩 무너져 내립니다.

# 신중히 · 계약 진행하기

마지막인 것만 같은 순간에 새로운 희망이 움튼다.
삶이란 그런 것이다. 태양이 어김없이 솟듯 참고 견디면
보답은 반드시 있다.

▸ 앤드류 매튜스

### { 신중 또 신중 }

출판사에서 원고를 검토하고 긍정적인 결과가 나오면 전화나 메일로 연락이 옵니다. 이 때 신중히 계약 여부를 결정합니다. 계약서를 받으면 깨알만 한 글씨가 가득합니다. 읽을 수는 있어도 도무지 이해는 안 되는 법 관련 용어들이 수두룩합니다. 다 읽어볼 수도 없는 노릇이고, 다 읽는다 해도 이해하기는 벅찬 내용입니다.

첫 번째 계약은 우편으로 했고, 두 번째 계약은 전자로 했습니다. 사실 계약하자는 연락이 왔다는 들뜬 마음에 초흥분상태로 계약을 진행하게 됩니다. 하지만 그럴수록 <u>계약은 신중 또 신중해야 합니다</u>. 그럼 계약할 때 확인해야 하는 몇 가지 주요 사항을 살펴보겠습니다.

### { 출판권 }

출판 계약을 한다는 건, 출판사에게 판매 권한을 넘긴다는 말입니다. 저작권은 그대로 저자에게 있고, 팔아주는 권한만 출판사가 갖는다는 의미입니다.

### { 계약기간 및 배타적 이용 }

보통 계약기간은 3-5년으로 합니다. 계약 기간 중 타 출판사와 유사한 주제로 출판물을 내서는 안 된다는 내용입니다.

### { 원고 인도 }

원고는 완성된 형태로 마감일까지 출판사에 넘겨야 합니다. 만약 약속 시간까지 마감이 되지 않는다면 출판사에 미리 이야기하고 조율해야 합니다.

### { 계약금 }

계약금은 책이 나오기 전 미리 주는 금액입니다. 출판사마다 규정은 다르지만 인지도가 없는 초보 작가라면 계약금을 주는 곳은 거의 없습니다. 제가 계약했던 두 곳도 계약금이 없었고, 한 곳은 있었습니다. 금액은 50-100만 원을 받습니다. 계약금을 받으면 나중에 인세 받을 때 공제됩니다.

### { 인세 및 정산 }

인세는 보통 8-10%입니다. 물론 유명 작가는 더 높은 인세를 받을 수 있습니다. 초보 작가는 6-8%로 시작합니다. 정산은 보통 6개월에 한 번씩 1년에 2번 합니다. 출판사마다 정산 방식이 다르니 꼭 정확히 확인하세요. 저자가 직접 출판사로 구매 요청을 할 경우 정가에서 30% 할인한 70% 금액으로 구매 가능한 경우도 있습니다. 이 또한 출판사마다 방식이 다르니 확인해야 할 부분입니다.

### { 전자책 및 오디오 북 }

전자책 인세는 책의 정가가 아닌 순매출액의 20-25%입니다. 요즘은 오디오북으로 독서하는 분들도 많아졌습니다. 저도 집안일할 때 윌라 오디오북을 틀어둡니다. 인세 방식은 전자책과 동일합니다.

## 인내로 · 퇴고하기

책은 쓰는 게 아니라 고쳐 쓰는 것이다.
당신 책도 그래야 한다. 이를 받아들이기란 쉽지 않다.
특히 일곱 번째 고쳐 쓰기가 아직 완전히
끝나지 않았을 때에는.

▸ 마이클 크라이튼

초고 완성과 투고, 계약 단계 이후로 또 한 번 큰 산이 나타납니다. 개인적으로 퇴고를 거치고 나면 10년은 늙은 기분인데요. 저의 주름과 흰머리가 늘어날수록 책은 더 빛난다고 믿으며 시간을 견딥니다.

### { 시간 싸움이 시작되었다 }

이번 퇴고 작업은 아이를 등원시키고 집에 돌아와 바로 노트북 앞에 앉았습니다. 아침에 먹은 설거지 더미는 오후까지 그대로 쌓여있습니다. 아이들이 허물처럼 벗어둔 빨래도 바닥 곳곳에 놓여있고요. 밀린 집안일은 못 본 척 두 눈을 질끈 감고 방으로 들어와 문을 닫습니다. 퇴고 작업을 하루 중 가장 우선순위로 놓고 처리해야 밤에 두 발 쭉 뻗고 잘 수 있습니다. 작업 준비가 되었음에도 방 안은 언제나 유혹거리가 넘쳐납니다. 휴대전화를 들어 정보를 찾는다는 핑계로 습관처럼 인스타그램을 기웃거리고 있는 나. 장 볼 거리를 주문한다고 인터넷 창을 켰다가 세일한다며 급하지도 않은 물건까지 장바구니에 담고 있는 나. 색연필 찾는다고 서랍을 뒤지다 결국 온 서랍을 뒤집어엎어 정리에 열중하고 있는 나. 이 모든 행위가 '퇴고'빼고 다른 건 다 하고 싶은 저의 모습들입니다. 틈만 보이면 딴 길로 빠집니다.

요즘은 하도 당해서인지 저를 다시 원고 감옥으로 돌아오게 하는 방법도 잘 압니다. 가장 유용한 방법은 양치질입니다. 글을 쓰면서 군것질도 자주 하는 편인데 입안을 개운하게 해주면 정신도 번쩍 듭니다. 또 평소 좋아하는 커피 한 잔을 저에게 대접합니다. '미선아, 커피 타줄게. 마실 동안만이라도 엉덩이 붙이고 글 좀 수정하자.' 스스로 타협하는 법이 점점 늘어갑니다.

오은영 박사가 공부를 해야 하는 이유를 설명하는 영상을 본 적이 있습니다. 패널들에게 두 가지 문제를 냅니다. 첫 번째 문제는 '고등학교 2학년 2학기 중간고사 성적을 정확히 기억하는가?'입니다. 도무지 기억이 나지 않습니다. 두 번째 질문은 '중, 고등학교 시절 중요한 시험을 앞두고 열심히 공부해보겠다고, 눈을 비비거나, 세수를 하는 등의 노력을 해본 기억이 있는가?'였습니다. 시험기간에 적어도 잠을 덜 자기 위해 시도했던 다양한 경험이 생각났습니다. 우리는 바로 이 두 번째 기억을 가지고 살아간다는 것이 질문의 요지였습니다. 점수를 기억하는 것이 아닌 열심히 해봤던 기억을 가지고 살아가는 것이라는 말씀하셨습니다. 가끔 글쓰기에 지칠 때 저는 이 영상을 다시 찾아봅니다. 집구석은 엉망이었고, 서서 컵라면을 먹었고, 아이를 1등으로 등원시켜야 했고, 휴대전화에 한 눈 팔지 않으려 시도했던 여러 노력들. 이렇게 글쓰기에 쏟았던 시간들을 있는 그대로 인정해 주고 싶습니다.

1차 퇴고 작업을 위해 하루에 4-5 챕터씩 원고를 다시 보며 수정 작업을 했더니 15일이 걸렸습니다. 다시 한번 원고를 쭉 보는 데 일주일 씩 잡고 2-5회 정도 퇴고 작업이 더해집니다. 혼자 원고를 작성할 때는 미루고 또 미루다 저만 괴로우면 됩니다. 하지만 원고 계약 후 시작된 퇴고 작업은 출판사와의 약속이기도 하니 미룰 수가 없습니다. 어떤 상황에서도 일정에 맞춰 원고 작업을 끝내야 한다는 책임감이 더해집니다.

## { 더하고 빼고 나누기 }

   1차 퇴고를 할 때는 글을 쭉 읽으면서 전체적인 흐름을 바로 잡습니다. 처음부터 꼼꼼히 한 단어씩 물고 늘어지면 금세 힘이 빠지고 맙니다. 최소 5번에서 10번 정도 다시 본다는 생각으로 가볍게 읽으며 퇴고를 시작합니다. 글의 흐름으로 봤을 때 부족한 부분에는 새로운 에피소드나 뒷받침할 수 있는 내용을 추가합니다. 또 읽으면서 억지스럽거나 과하거나 특히 상대방에 대한 배려가 부족했다고 생각되는 부분은 과감히 빼는 것이 좋습니다. 두고두고 후회할 일은 남기지 않아야 합니다. 저 같은 경우는 '책의 주인공이 남편 아니냐.' 할 정도로 남편과의 에피소드가 많았는데요. 원래는 더 많았는데 그분과 협상 후 실어도 좋다는 이야기만 책에 담았습니다. 문장이 길어지면 무슨 말인지 모르겠고 핵심이 옅어집니다. 긴 문장은 짧게 나눠보세요. 간단 명료한 문장이 읽는 편합니다. 또 전달하고자 하는 메시지는 강해집니다.

## { 맞춤법 검사 }

   맞춤법 이야기를 하면 고개가 푹 숙여집니다. 초등학교 4학년 아들이 매주 수요일마다 받아쓰기 시험을 보는데, 지금이라도 같이 공부해야 할 판입니다. 글을 아무리 잘 써놔도 반복된 오타가 보이거나 거슬리는 부분이 있다면 글 맛을 떨어뜨릴 수밖에 없습니다.

이번 원고를 쓰면서도 띄어쓰기, 맞춤법을 100군데도 넘게 틀렸습니다. 예를 들어 첫 번째를 첫 번 째, 두 번 째, 세 번 째로 쓸 때마다 계속 띄어쓰기를 틀립니다. 내비게이션이라는 단어도 네비게이션으로 반복해서 써 놓았더군요. 다행스럽게도 저의 무식이 온 세상에 폭로 되지 않도록 막을 방법은 있습니다. 다음이나 네이버에서 '맞춤법 검사기'를 검색하고 글을 복사해 붙여 넣습니다. 띄어쓰기, 맞춤법 오류를 확인해 수정합니다. 하지만 100% 다 찾아주는 건 아닙니다. 보고 또 보면 분명히 또 있습니다. 이 자리를 빌려 맞춤법도 제대로 모르는 작가와 일하느라 고생하셨을 편집장님께 심심한 사과의 말씀을 남겨봅니다.

책이 나오고 나서 오타를 발견한다면 얼굴이 화산 폭발 수준으로 붉어질 수 있습니다. 저도 그랬습니다. 모든 책을 다 회수하고 싶은 심정이었습니다. 하지만 이미 제 손을 떠난 글은 어쩔 수 없습니다. 퇴고하면서 종이가 뚫어질 정도로 보고 또 봅니다. 제가 더 늙는 수밖에 없습니다.

## { 출력 후 소리 내서 읽기 }

노트북 화면으로 볼 때는 분명히 없었는데 출력해야 보이는 오타도 있습니다. 출력하는 순간에 누가 내 노트북을 만진 건 아닌가 싶은 의심도 듭니다. 그렇게 여러 번 확인해도 책이 나오면 또 오타가 보이니 참으로 미스터리한 일입니다.

일단 소리 내서 읽으면서 글에 걸리는 부분이 없도록 매끄럽게 수정합니다. 중복되는 부분이 있다면 다른 표현을 궁리합니다. 비문 찾기는 눈으로만 보는 것보다 소리 내서 읽었을 때 더 찾기 쉽습니다. 예를 들어,

짐 정리를 하다 오래전 끄적거려둔 메모장을
본 적이 있습니다.
↘ 짐 정리를 하다 오래전 메모장을 발견했습니다.

물 한 모금을 찾아 헤매는 간절한 마음이었습니다.
↘ 물 한 모금 찾아 헤매듯 간절했습니다.

진실 되지 않게 느껴지지 않았기 때문입니다.
↘ 진심이 담기지 않았기 때문입니다.

분명 고쳤는데 다시 보면 또 이상합니다. 점점 지치고 제 글이지만 읽기 싫다는 마음이 스멀스멀 올라옵니다. 하지만 내 글을 나만큼 아껴 줄 사람은 또 없습니다. 닳을 만큼 보면서 애정을 듬뿍 쏟아봅니다.

### { 다른 사람 보여주기 }

출력하고 소리 내어 읽어보는 1차 작업을 끝내면 저는 남편에게 넘깁니다. 가장 가깝고 수정 사항을 바로 체크해 줄 수 있는 사람이 그뿐이라 어쩔 수 없습니다. 저희 남편은 팩트만 꼬집어 말해주는 사람입니다. 상처받을 때도 많지만 다른 대안이 없으니 어쩌겠습니까. 이 원고도 다 쓰면 읽어달라고 부탁해야 하는 데 이번엔 또 뭘 사주며 부탁해야 할지 고민입니다.

### { 출판사에서는요 }

출판사에서는 원고를 어느 정도까지 수정을 해줄까요? 물론 출판사, 편집자 스타일에 따라 전부 다른 부분이니 참고만 해주시기 바랍니다. 일단 전체적으로 제가 작성한 제목, 부제, 목차에 대한 의견을 말씀해주십니다. 그런 다음 내용을 짚어보며 '이 부분은 좋다. 이 부분은 좀 더 보충하는 게 좋겠다.'라는 제안을 주시는데요. 예를 들어 이번 원고를 작성하면서도 〈시간 도둑을 잡아라〉 부분은 엄마들이 실용적으로 적용할 수 있는 시간 활용법을 추가하면 좋겠다는 편집자님의 의견으로 추가했습니다. 또 '좋았던 문장 몇 가지를 넣으면 책이 더 풍성해지겠다.'는 조언 덕분에 예전에 읽었던 책을 다 뒤져가며 〈빛나는 문장을 위해〉라는 원고를 작성했습니다. 원고를 쓴 저는 나무만 바라보며 산길을 가고 있다면, 편집자는 산 정상에서 드론을 띄워 전체적인 모습을 보며 저를 이끌어주는 가이드입니다. 때로는 숨이 턱 막히는 구간도 있지만 잘 따라가다 보면 어느새 정상에 다다를 수 있습니다.

좀 더 세부적으로 들어가 문장에서 비문이 있는지, 자연스러운 연결고리인지, 관계가 명확한지, 올바른 문장부호 등을 검토해 줍니다. 하지만 모든 걸 출판사에 떠넘기고 나 몰라라 하는 태도는 버리셔야 합니다. 어디까지나 모든 책임은 저자에게 있기 때문입니다.

### { 인쇄 직전까지 보고 또 보기 }

여기까지 퇴고를 마치셨다면 정말 고생 많으셨습니다. 출판사에서 '이제 인쇄 들어가겠습니다.'라는 말이 나오기 전까지는 계속 보면서 원고를 최대한 자연스럽게 수정해 봅니다. 실제로 이 과정에서 저는 몸이 많이 아팠습니다. 소화불량에 심한 몸살을 앓았습니다. <u>출간을 출산에 비유하기도 하는데 한바탕 몸이 부서지는 고통을 겪어야 새로운 작품이 탄생하는 법인가 봅니다.</u>

## 반할만한 · 표지 선택하기

행운이란 100% 노력한 뒤에 남는 것이다.

▸ 랭스턴 콜만

표지는 책의 얼굴입니다. 출판사에서 작가에게 미리 원하는 취향의 표지를 보내달라고 요청하는 경우도 있습니다. 작가의 의견을 참고해서 최적의 표지를 만듭니다. 출판사에서 알아서 결정하는 경우도 있습니다.

### { 단번에 선택하기 }

퇴고 막바지 단계에 이르면 표지 시안이라는 선물을 받습니다. 『엄마의 심야책방』때는 딱 1장의 시안을 받았습니다. 이메일로 받았고, 파일을 열었을 때 울컥하면서 뜨거운 눈물이 차올랐습니다. '와. 책 내용을 그림 한 장에 다 담아주셨네.' 마음에 쏙 들었습니다. 지금도 책 표지를 보면 그 시절의 제가 표지 안에 그대로 담긴 것 같아 뭉클해집니다.

## { 수정 의견 제시하기 }

두 번째 책은 총 4장의 표지가 왔는데, 딱 꽂히는 표지가 없었습니다. 1번 표지는 주인공은 마음에 드는 데 배경이 휑한 느낌. 2번 표지는 배경은 마음에 드는데 주인공이 저와 어울리지 않는 도시적인 느낌. 3번 표지는 추상적이었고, 4번 표지는 엄마가 주인공이 아닌 아이들과 책을 읽는 그림이었습니다. 일단 3번, 4번은 제외했습니다.

『엄마의 느린 글쓰기』와 가장 잘 맞는 느낌은 1번 표지였습니다. 근데 자꾸 계산을 하게 되었습니다. 독자들은 도시적인 2번 표지에 더 매력을 느낄 것 같았습니다. 남편에게 물으니 '1번이 촌스러운데 그게 더 이 책에 어울린다.'면서 참 그 다운 평가를 해주었습니다. 동생에게 물으니 1번, 2번을 합치면 좋겠다고 하더라고요. '그래! 두 그림을 합치면 딱 좋겠다!' 확신이 들었습니다.

저는 반품, 환불이 가장 어려운 사람입니다. 출판사에서 고생스럽게 만들어 보내 준 표지에 아쉬운 점을 말씀드리기가 죄송스러웠습니다. 하지만 지금 말하지 않으면 평생을 후회할 수도 있는 표지 문제이니 고민 끝에 메일을 쓰기로 마음먹었습니다. 출판사에서 흔쾌히 의견을 받아주셨고, 수정 시안을 받았습니다. 파일을 확인하고 박수도 치고 만세도 부르고 춤까지 췄습니다. 용기를 낸 덕에 마음에 쏙 드는 표지까지 완성되었습니다.

### { 쓰면서 상상하기 }

주변에 있는 책 표지를 살펴봅니다.『오늘을 버텨내는 데 때로 한 문장이면 충분하니까』의 표지는 연한 회색 바탕에 제목, 작은 책 그림 위에 검은 고양이, 연기가 오르는 차 한 잔으로 표현했습니다. 심플한 데 책 읽는 사람이라면 좋아할만한 요소는 다 갖춘 인상적인 표지입니다.

정여울 작가의『끝까지 쓰는 용기』표지에는 일러스트레이터 이내씨의 그림이 들어있습니다. 서재의 크고 어질러진 책상에서 원고를 쓰는 작가의 모습인데요. 화풍이 너무 귀여워 다른 작품도 찾아보고 싶어집니다.

『따라 쓰기만 해도 글이 좋아진다』책 표지는 주황색 바탕에 커다란 연필 앞부분이 그려져 있습니다. 뾰족한 연필이 강조되는 효과로 눈에 확 띄는 필사 책 표지입니다.

『보통 엄마의 책 쓰기』에 어울릴 표지를 상상해 봅니다. 주 독자층을 '엄마'들로 잡아서 글자만 들어간 표지보다 캐

릭터나 그림이 섞인 표지가 더 편하게 다가갈 것 같습니다. '엄마'라는 캐릭터 표현으로 주방 용품, 또는 아이가 있거나 앞치마를 두르고 있는 모습도 재미를 더해줄 요소가 됩니다. 앞치마를 두른 엄마가 명함을 내밀고 있습니다. 그 명함이 바로 자기 이름으로 된 책인 건 어떨까요? 제 상상력은 여기까지고 나머지 부분은 출판사와 표지 일러스트 전문가님께 맡겨야겠습니다. 부디 이번 책도 표지 시안을 받아보고 박수도 치고 만세도 부르는 순간이 또 오길 기대해봅니다.

## 덤덤히 · 저자 소개

내 안에 빛이 있으면 스스로 빛나는 법이다.

▶ 알베르트 슈바이처

저자 소개에 적을 만한 특별한 이력이 없었습니다. 오죽 했으면 첫 책 저자 소개를 '책 한 권 쓰기보다 작가 소개 몇 줄 쓰기가 더 어려운 작가.'로 시작했을까요? '작가'라는 이름 앞에서 저는 한없이 초라하고 작아집니다.

다른 작가들은 저자 소개란을 어떻게 채웠는지 살펴봤습니다. 길게 쓴 분들은 '어디에서 태어나'로 시작해 무슨 학교를 나왔고, 어디에서 일을 했으며, 지금은 무슨 일을 하고 있는지 상세히 적혀 있습니다. 긴 업적과 스펙으로 책날개 한쪽을 다 채운 작가들을 보면 존경스럽고 솔직히 부럽습니다. 한편 짧고 임팩트 있게 표현된 책도 있습니다. '정말 이렇게 끝내도 된다고?'싶을 만큼 간결한 저자 소개도 있었습니다.

카피라이터에서 작가로 지금은 서점 운영까지 하면서 저의 로망을 다 이루어 주신 분이 있는데요. 대리만족하며 팬이 된 이유미 작가의 저자 소개에는 이런 문장이 있습니다.

외출할 때는 가방에 반드시 한 권 이상의 책이 있어야 안심이 되고 책이 없을 때는 읽을 것을 찾아 주위를 살핀다.
▶ 이유미, 『편애하는 문장들』 저자 소개 중에서

저자의 업적이 아닌 사소한 독서 습관 중 하나일 텐데요. 책 좋아하는 1인으로 공감도 되고 하이에나처럼 읽을거리를 찾아 주위를 헤매는 이유미 작가의 모습을 상상하면 슬며시 웃음도 지어집니다.

임경선 작가의 저자 소개를 보고 또 놀랐습니다. 작가가 쓴 책 7권의 작품명을 단순히 나열하고 마지막엔 이 한 문장으로 끝납니다.

나흘에 한 번, 경복궁 주위를 달린다.
▶ 임경선, 『나 자신으로 살아가기』 저자 소개 중에서

'와. 멋지다!' 저도 모르게 짧고 굵은 함성이 터져 나왔습니다. 보여주기 식으로 구구절절 저자 소개 페이지를 채우

는 것보다 훨씬 인상적이었습니다.

마지막으로 최근에 산 책 중에서 책 표지부터 주황색 물감 통에 담갔다 뺀 것처럼 강렬했던 책이 있는데요. 이 분의 저자 소개도 굉장히 매력적이었습니다.

이것저것 다양하게 즐기는 것을 좋아함.
그래서 뷔페를 좋아해.
▸ 임승원, 『원의 독백』 저자 소개 중에서

첫 책을 내고 5년이 지난 후, 두 번째 책이 나올 때도 저자 소개는 간단했습니다. 그나마 첫 책 제목으로 한 줄을 더 쓸 수 있어 다행이었습니다. 아무리 쥐어짜도 저처럼 채울 거리가 많지 않아도 괜찮습니다. <u>내세울 거 없는 사람도 책 쓸 수 있다는 걸 그대로 보여주면 됩니다. 비록 지나온 길에서 크게 남길 흔적은 없었지만, 앞으로의 소망은 제가 쓴 책 제목으로 저자 소개 여백을 빼곡하게 채우는 것입니다.</u>

아무튼 저는 『보통 엄마의 책 쓰기』에서 '보통 엄마'에 딱 맞는 저자입니다.

## 철판 깔고 · 홍보하기

어떻게 해야 그 한 사람에게 닿을 수 있을까?
이것이야말로 내가 진심으로 고민했던 문제였다.

▸ 호르헤 루이스 보르헤스

### { 출판사 홍보 }

책 한 권에 들어가는 비용은 얼마일까요? 먼저 책을 만드는 데 필요한 종이, 인쇄 등의 제작비가 필요합니다. 그 외에도 서점에 들어가는 유통 비용, 영업비, 홍보비 등이 발생합니다. 책을 만들고 파는 데 들어가는 비용이 책값의 대부분을 차지합니다. 정작 출판사와 저자에게 돌아오는 비용은 많지 않습니다. 그럼에도 책을 좋아하는 사람들이 모여 여전히 책을 만들고 팔 궁리를 하는 곳이 출판사입니다.

책이 나오면 출판사에서는 어떤 활동을 할까요? 가장 먼저 서점 매대를 선점합니다. 일단 사람들의 눈에 잘 띄는 곳이어야 합니다. 서점에서 책의 자리는 표지가 보이게 누워 있느냐, 다른 책들과 나란히 옆구리만 보이며 서 있느냐가 하늘과 땅만큼 차이가 납니다. 온라인 서점 광고도 중요한 부분입니다. 온라인 페이지 광고와 오프라인 서점 매대의 자리 선점을 위해 서점 매니저와 협상이 필요합니다. 힘겹게 신간 자리를 잡으면 길어봐야 1-2주 머물다 자리를 내어주고 구석진 곳으로 옮겨집니다.

출판사에서 북토크 자리를 만들어 독자들과 소통하는 시간을 마련하기도 합니다. 책이나 저자 관련 굿즈를 제작해 책을 홍보하는 방법도 있습니다. 네이버 카페의 책 모임에 서평단으로 활동하는 독자 이벤트, 인플루언서에게 책을 증정하여 홍보도 합니다.

안 팔리고 남은 책을 관리할 때도 보관비용이 따로 든다는 것을 처음 알았습니다. 경제관념이 조금이라도 있는 저자였다면 이미 알고 있었을 텐데 저는 몰랐습니다. 저희 집 가계부를 작성하면서 '숨만 쉬어도 돈이 나가네.'라며 한탄할 때가 많은데요. 책 보관비용까지 생각하면 출판사에서는 '책만 내도 돈이 나가네.' 소리가 절로 나올 것 같습니다. 출판사만 홍보하는 시대는 지났습니다. <u>자신의 이름을 건 책인 만큼 저자도 직접 홍보 할 수 있는 모든 활동을 해야 합니다.</u> 그럼 개인적으로 홍보 할 수 있는 방법을 알아보겠습니다.

## { 지인 찬스 }

책 선물은 상당히 부담스럽습니다. 다른 선물에 비해 취향을 찾기가 애매합니다. 책이라는 물질 자체가 호불호가 굉장히 강한 편이지요. 좋아하는 사람은 꾸준히 좋아하지만, 안 좋아하는 사람에게는 그야말로 두꺼운 종이 쓰레기에 불과합니다. 만약 목도리를 선물했다면 부담 없이 한 번 둘러볼 수도 있습니다. 하지만 책 한 권을 펼칠 때에는 '이 책에 내 귀중한 시간을 투자해 보겠다.' 마음을 먹은 후에야 비로소 가능한 일입니다. 또 작가가 뭐라고 하는지 '어디 한 번 들어나 보자.'라는 열린 마음을 장착한 뒤에야 책을 펼치게 됩니다. 그래서 홍보를 부탁하는 저도 마음의 부담이 커서 힘들었습니다. 제 지인들에게도 결코 가벼운 부탁은 아니었으리라 생각합니다. 그 마음을 알기에 더 감사하고 고마웠습니다.

저는 '부탁'이 힘든 사람이었습니다. 하지만 책 홍보를 부탁할 날이 인생에서 몇 번이나 있을까요. 철판 깔고 가깝고도 먼 지인들에게 안부 인사를 나누며 책을 소개합니다. 감사하게도 책에 관심도 가져주시고 출간 축하한다면서 반갑게 맞아주셨습니다. 그 덕분에 부족한 작가인 제가 3번째 책까지 도전할 수 있었습니다. 다시 한 번 정말 감사드립니다.

저희 남편은 표현에 굉장히 무딘 사람인데요. 그럼에도 마음을 나눌 일이 생기면 차 트렁크에 넣어둔 제 책을 두어 권 꺼내 읽어보시라고 전해준다고 합니다. 저는 생판 모르는 분을 만나고 와서도 "책 한 권 드렸네."라는 말을 들으면 당황스럽기도 합니다. 하지만 월급도 없이 홍보대사 노릇을 톡톡히 해주는 그에게 지면으로 고맙다는 말을 대신해 봅니다.

### { 도서관 기증 }

첫 책 『엄마의 심야책방』 5권을 들고 지역 도서관에 갔습니다. 책 기부를 하려고요. 같이 따라간 남편이 못마땅한 표정을 지었습니다. '도서관에서 책을 직접 사서 다른 사람들과 함께 보는 곳인데, 왜 거기다 책을 기부하느냐. 도서관에서 사야 책 한 권이라도 더 팔 거 아니냐고.' 저를 말렸습니다. 하지만 저에겐 태어난 고장에 저의 첫 책을 기부하는 것이 책 한 권 더 팔리는 것보다 훨씬 의미 있는 일이었습니다. 지금도 도서관에 꽂힌 제 책을 보면 뿌듯합니다.

### { 맘 카페 증정 }

엄마가 되고 정보를 찾아 수시로 들락 달락하던 곳이 지역 맘 카페였습니다. 날씨 소식부터 '아이가 아파요.', '시청 앞에 사고 났어요.', '김치찌개 맛집 다녀왔어요.' 등 지역 소식을 가장 빠르게 알 수 있는 곳입니다. 이벤트로 『엄마의 심야책방』을 읽고 싶은 10분을 뽑아 책을 보내드렸습니다. 댓글로 책을 읽고 싶은 사연을 받았는데, 읽으면서 책 쓰길 참 잘했다는 힘도 얻었습니다. 첫 책에 비해 두 번째 책은 도서관 증정도, 맘 카페 이벤트도 하지 못했습니다. 3번 째 책은 다시 힘을 내서 제가 할 수 있는 범위의 일을 다 저질러 보려고 합니다.


### { SNS 이벤트 개최 }

출판사와 지인 홍보만으로는 한계가 있습니다. 저는 첫 책을 쓰고 SNS 활동을 시작했습니다. 인스타그램, 유튜브 두 공간 모두 큰 성공은 이루지 못했습니다. 8년 넘게 활동하면서 구독자 수가 아직 천 명 정도에 머무니 당장 문 닫아도 되는 채널입니다. 하지만 그 안에서 저를 진심으로 응원해 주시는 찐 팬들을 만났습니다. SNS가 아니었다면 만나지 못했을 보석 같은 분들이 있기에 SNS 순기능 덕을 보고 있습니다.

두 번째 책이 나오고, 유튜브에 홍보영상을 만들었습니

다. 채널 구독자들을 위한 책 선물 이벤트도 열었습니다. 그동안 저를 응원해 주신 분들에게 제가 쓴 책을 나눌 수 있는 공간이 있어 뿌듯하고 기뻤습니다. 책 선물을 드리면서 어떤 인증이나 홍보를 부탁드리지 않았는데도 책 리뷰 영상을 만들어 직접 홍보해 주신 분들도 계셨습니다. 그 은혜는 평생 잊지 못할 것입니다. <u>제가 더 이상 책을 쓰지 않게 되더라도, 유튜브 채널에 항상 따듯한 댓글 남겨 주시며 소통한 분들과는 오랜 친구로 남고 싶습니다.</u>

# 5장. 보통 엄마 작가의 탄생

## 서점, 도서관에서 내 책을 만나는 기분

자신의 행동에 대해 너무 고민하지 말라.
모든 인생은 실험이다.
실험은 많이 할수록 더 나아진다.

▶ 랄프 왈도 에머슨

첫 책이 나왔을 때, 지방 동네 서점까지 책이 바로 입고 되지는 않았습니다. 서점에 있는 첫 책을 보고 싶은 마음에 집에서 그나마 가까운 전주 교보 문고까지 2시간 30분을 차로 달렸습니다. 그 당시 4살이었던 첫째와 남편과 함께 서점에 놓인 책을 만나러 갔습니다. <u>똑같은 책이 집에 수십 권 쌓여 있었지만, 서점에 놓인 책 한 권의 아우라는 달라도 한참 달랐습니다.</u>

서점의 수많은 책 중에 내 이름으로 된 책이 놓여 있다는 것. 그 순간의 감정은 아무리 작가라지만 글로 표현하기 힘든 것 같습니다. 뭉클하기도 하고, 대견스럽기도 하고, 부끄럽기도 하고, 복잡한 감정들을 추스르며 책을 가만히 오랫동안 바라보았습니다.

그 뒤로 서점에서 제 책의 흔적을 찾지 못했습니다. 서점에는 잘 팔리는 책이 자리를 차지합니다. 대신 도서관에 꽂힌 책은 자주 볼 수 있습니다. 도서관은 대출 경쟁을 하며 자리싸움을 하지 않아도 되는 곳이니까요. 제 책 옆에 놓인 책들을 보면 작가님들과 어깨를 나란히 하고 선 기분이 듭니다. 이쯤 되면 저에게 고생했다고, 자랑스럽다고 칭찬 한마디 해줘도 괜찮겠지요?

언제, 어느 자리에 있든 제가 쓴 책이 꼭 필요한 사람들에게 선한 영향력을 전할 수 있기를 두 손 모아 기도합니다.

# 후기는 사랑을 싣고

당신에게 가장 중요한 때는 지금 현재이며
당신에게 가장 중요한 일은
지금 당신이 하고 있는 일이며, 당신에게 가장 중요한
사람은 지금 만나고 있는 사람이다.

▸ 톨스토이

## { 사랑받기 위해 태어난 사람 }

책이 나오고, 10년 치 생일 축하를 한꺼번에 몰아서 받는 것 마냥 많은 축하를 받았습니다. 부모님께서 책값이라고 챙겨주신 지폐 한 장. 며느리 책 탄생 축하한다고 보내주신 시부모님의 문자 한 통. 책 표지에 그린 케이크를 선물해 준 동생과 제부. 책 사진을 카톡 프로필에 올려준 동서와 도련님. 한밤중에 와인을 들고 찾아온 친구. 늘 나의 글을 기다렸다고 말해주는 친구. 책 나왔냐고 먼저 연락해 준 친구. 홍보해 준다는 든든한 친구들. 유튜브 친구들이 남겨준 축하 댓글들. 덕분에 마감하면서 '진짜 마지막 책이다. 다시는 안 써야지.' 했던 다짐이 어느새 '또 쓸 수 있을까?' 하는 글 씨앗으로 돋아납니다.

벌써 1년이 지나 흐릿해진 『엄마의 느린 글쓰기』 출간 후기 영상을 다시 찾아봤습니다. 유튜브 영상으로 남겨둔 저를 칭찬합니다. 흐릿했던 기억을 생생하게 다시 꺼내주니까요. 고마운 마음에 보답하기 위해서라도 부지런히 오랫동안 글 쓰겠습니다. 정말 감사합니다.

### { 잊지 못할 후기 }

어느 날, 작은 엄마께 전화가 왔습니다. 지인분 후기를 저에게 꼭 전해주고 싶다고 하시면서요. 그 후기는 "<u>글을 참 쉽고 깊이 있게 썼다.</u>"였습니다.

전해주신 한 문장은 제가 글을 쓰는 마지막 순간까지 마음에 고이 간직할 후기가 되었습니다. 오랜 시간 글을 쓰면서도 딱 한 줄로 정리된 방향성은 없었습니다. 늘 안개 속에서 길을 헤매며 글을 쓰는 사람이었습니다. 그 분의 한 줄 후기를 듣고 앞으로 글쓰기의 방향성을 또렷하게 그려봅니다. 쉽고, 깊이 있는 글을 꾸준히 쓰는 사람이 되도록 더 많이 노력하겠습니다. 책 후기 남겨주시고 제에게 닿을 수 있게 전해 주셔서 감사드립니다.

## { 쏟아진 눈물 }

두 번째 책이 나오고 가족, 지인들에게 홍보 작업을 하면서 심적으로 많이 지쳐있었습니다. 책을 완성하는 데 에너지를 쏟아 부었고, 책이 나온 후 일정 부분 판매량을 감당해야 했기에 그 부담은 더 크게 느껴졌습니다.

많은 분들이 "와!! 책 나왔구나. 축하해!!"라는 인사를 건네주셔서 힘든 줄도 모르고 숙제를 끝내가는 마음으로 감사의 답변을 남겼습니다. 출간 소식을 전하며 어느새 시간은 밤 10시가 다 되어갔고, '이제 다 끝났구나.' 마음을 놓을 무렵 카톡 한 통이 도착했습니다.

맨 첫줄에
"미선아. 고생 많았다."라는 문장이 보였습니다.

그 한 문장에 그동안 애써 꾹꾹 누르며 참아온 힘듦과 서러움을 이제 털어내도 된다는 허락이 담겨있었나 봅니다. 펑펑 눈물이 흘렀습니다. 어린아이처럼 혼자 목 놓아 울었습니다. 어떤 문장에는 짧지만 깊은 마음이 담겨 있습니다. 저도 깊은 마음을 담은 문장으로 사람들에게 감동을 줄 수 있는 작가가 되고 싶습니다.

# 콘텐츠가 쌓이면 브랜드가 됩니다

무언가를 해냈다고 평가받고 싶다면 실제로 그것을
해내야 한다. 예술가, 건축가, 음악가라는 이름은
노력을 통해 만들어나가야 한다.

▶ 데이브 히키

책을 읽고, 글을 쓰면서 하고 싶은 게 많아졌습니다. 첫 책을 출간하고 나서는 제 취향으로 가득 채운 작은 서점을 운영해 보고 싶었습니다. 서점 바람이 지나가자 책으로 가득 채운 집에서 하루를 묵을 수 있는 북스테이를 만들어보고 싶었습니다. 매일 부동산 정보 뒤지며 남편에게 이야기합니다. "여기 한 번 가보자. 한적하고 좋겠다.", "여기다 북스테이 열면 어떨까?" 그런 저를 보며 남편은 "결혼 전에는 꿈도 없이 회사 일만 하면서 조용히 지내던 사람이 갑자기 가게에 환장한 사람처럼 왜 그러는 거냐."면서 핀잔을 줬습니다. "지금은 가게 꾸릴 돈도 없고, 경기도 안 좋아서 시작해도 3개월 내에 망할 테니, 아이 좀 크면 다시 생각해 보자."고 매번 저를 말렸습니다.

매사에 보수적이던 그가 유일하게 말리지 않았던 일이 바로 책 쓰기였습니다. 책 쓰기에는 돈이 들어가지 않았거든요. 물론 책을 사서 보는 데 돈이 들긴 했지만 가게 하나 차리는 창업 비용에 비하면 껌 값 정도니 신랑도 크게 반대하지 않았습니다. 아마도 저의 미래를 위한 응원은 아니었고, 책이라도 써야 다른 거 한다고 들들 볶지 않으니 그쪽으로 밀어주는 게 훨씬 편했던 거 같습니다. 그렇게 저는 창업의 꿈을 접고 방구석에서 혼자만의 치열한 창의 작업을 해나갔습니다.

우여곡절 끝에 시작한 책 쓰기. 처음부터 잘하는 사람이 어디 있겠습니까. 물론 천부적인 재능을 타고난 운 좋은 사람도 분명히 있습니다. 하지만 제아무리 김연아, 손흥민 유전자로 태어났을지라도 노력 없이 최고의 자리를 오랫동안 지킬 수는 없습니다. 저 역시 글쓰기에 타고난 재능이 있다고 생각하지 않습니다. 재능이 있었으면 진작 성공이라는 단어 가까이에라도 가봤을 텐데, 글쓰기를 시작하고 9년이 지나도록 제자리걸음인 어설픈 작가이기 때문입니다.

천부적인 재능을 타고나지 못한 자. 그럼에도 꾸준히 해보는 수밖에 없었습니다. 인스타그램 계정을 만들어 피드도 올리고, 유튜브 채널을 개설해 영상도 만들어봅니다. 브런치 계정에 글도 남겨보고요. 이렇게 꾸준히 내가 만들 수 있는 콘텐츠를 계속 생산해 보는 수밖에 없습니다. 꾸준히 하다 보면 콘텐츠가 차곡차곡 쌓입니다.

퍼스널 브랜딩을 위해서는 다른 누군가에게 '아. 됐다. 이거다'라는 생각을 뽑아낼 수 있어야 합니다. '정답을 찾은 것 같다'라는 느낌을 불러내야 한다는 의미입니다. 그 순간 상대방은 나에 대한 가치를 인지합니다. 그렇기에 저는 성공적인 브랜딩을 다음과 같이 정의합니다.

'타인을 고민으로부터 해방시켜주는 것'

▶ 촉촉한마케터, 『퍼스널 브랜딩』 중에서

책 『퍼스널 브랜딩』에서 알려준 성공적인 브랜딩의 정의입니다. 내가 하고 싶은 분야에서 시작해 다른 사람의 고민을 해결해 주고, 두 사람 모두 자유를 찾게 되는 아름다운 결말을 그려봅니다. <u>하나씩 쌓아 올린 콘텐츠는 결국 나만의 퍼스널 브랜드가 됩니다.</u> 그날까지 저는 꾸준히 저만의 색이 담긴 콘텐츠 생산자로 살아갈 것입니다. 서점의 꿈도 접고, 북스테이의 꿈도 접었지만 지금까지 '책'이라는 범위 안에서 콘텐츠를 꾸준히 쌓아가고 있습니다. 이 글을 읽고 있는 여러분의 마음에도 분명 꿈틀대는 무언가 있으리라 생각됩니다. <u>책을 쓰는 일은 나를 증명할 수 있는 최고의 퍼스널 브랜딩입니다.</u> 지금 한 문장을 쓰는 것으로 시작해 보세요.

## 해낸 사람 효과

대추가 저절로 붉어질 리는 없다
저 안에 태풍 몇 개
저 안에 천둥 몇 개
저 안에 벼락 몇 개

> ▸ 장석주 〈대추 한 알〉 중

아이를 낳기 한두 달 전부터 낮이고 밤이고 출산 후기 글을 찾아 읽었습니다. 무섭고 겁이나 눈물을 훔치면서 밤을 지새웠습니다. 글 하나라도 더 찾아보는 게 초보 엄마인 저에게 도움이 될 거라 생각했습니다. '생리통의 50배 위력입니다. 5톤 트럭이 배 위를 밟고 지나가는 느낌이에요.' 미리 경험해본 사람들이 써둔 상상조차도 힘든 이야기를 읽으며 두려움은 점점 커져 갔습니다. 이제 와서 안 놓는다 할 수도 없고 엄마는 정말 아무나 되는 게 아니었습니다. 궁금함에 계속 찾아보게 되고, 보고 나면 괜히 봤다 후회하는 날을 보내며 아이의 탄생을 기다렸습니다.

매일 밤 검색을 통해 수 십 번도 더해본 출산 연습 덕분이었는지, 병원 도착하자마자 "곧 아이 나옵니다. 힘주세요."라는 말과 함께 40분 만에 아이의 울음소리를 들었습니다. 진통 시간은 짧았지만 출산의 고통은 차마 블로그에 써진 어떤 표현으로도 대신할 수는 없었습니다. 둘째 때는 더 이상 출산 후기를 찾아 헤매지 않았습니다. 한 번 해 보았기 때문이지요. 한 번 해 본 효과는 이렇게 힘이 셉니다. 기억이 가물가물하지만 몸은 이미 알고 있었고, 마음의 조급함도 사라졌습니다.

책을 쓸 때도 마찬가지였습니다. 첫 책을 쓸 때는 아예 감을 못 잡았습니다. 과연 내가 쓴 글이 책으로 나올 수 있는 건지, 뜬구름 잡는 사람처럼 불가능한 일 같기도 했습니다. 두 번째 책을 쓰면서는 원고의 분량을 채우고 내용을 진정성 있게 담아내고, 구성을 보기 좋게 정리한다면 책이 될 수 있을 거라는 막연한 희망을 갖게 되었습니다. 첫 책을 쓸 때보다 두려움이 훨씬 줄어든 것입니다. 책 한 번 써 본 사람 효과였습니다.

우리는 해보지도 않고 막연한 두려움을 가질 때가 더 많습니다. 저 역시 병원 가는 날에도, 물속에 몸을 맡기지 못하는 것도, 큰 강아지 앞에서 얼어붙는 것도, 멍게라는 해산물을 먹지 못하는 것도, 아이들과 해외여행을 망설이는 것도 다 막연한 두려움 때문이었습니다. 눈 딱 감고 한 번 해

보면 다음은 훨씬 쉬울 텐데 말이죠.

제 인생에서 '책 써본 사람' 효과는 '아이를 낳아 본 사람' 효과만큼이나 빛나고 소중한 경험입니다. 이제 아이를 또 낳는 사람이 되기는 힘들어졌지만, 책을 또 쓰는 사람이 되기 위해 날마다 노력합니다. <u>이제 저는 책을 세 권 써본 사람이니까요. 저를 더 믿어 보기로 했습니다.</u>

## 계속 쓰겠습니다

글을 쓰지 않으면 더는 작가가 아니다.

▸ 샐리 티스데일

글쓰기에도 컨디션과 흐름이 존재합니다. 저 같은 경우 좋은 책을 만나면 글 쓰고 싶은 욕구와 아이디어가 마구 솟아납니다. 이 원고를 작성하면서도 여러 책을 참고하다가 쓰고 싶은 책 목록이 줄줄이 늘어났습니다. 떠오른 아이디어를 착착 정리해 글로 잘 모아두면 얼마나 좋을까요? 하지만 영감을 글로 풀어낸다는 건 생각보다 어려운 일입니다. 지금 이 순간에도 몇몇 영감들은 물거품 터지듯 톡톡 사라지고 맙니다. 다 사라지기 전에 제가 앞으로 쓰고 싶은 책 이야기를 살짝 남겨두려고 합니다.

### { 나를 찾는 독서생활 }

지금까지 제가 했던 독서법은 굉장히 무식했습니다. 말

그대로 책만 읽으면서 시간을 낭비했습니다. 시력은 나빠지고, 읽는 행위만을 강조하며 자기 위안을 삼았던 시간이 더 많았습니다. 물론 그 시간들이 모두 쓸모없지는 않았습니다. 그 시간들이 쌓여 지금의 저를 만들었을 테니까요. 하지만 앞으로도 계속 무식한 독서를 하고 싶지는 않습니다. <u>무작정 남들이 좋다고 하니까 다 따라 읽으며 시간만 허비하는 독서가 아닌, 제 삶에 구멍 난 곳을 하나씩 보수해나간다는 느낌으로 책을 읽고 싶습니다.</u>

예전에는 책이 제 곁을 지켜주는 든든한 벽이었다면, 이제는 아픈 곳을 치료하고 만져주는 반창고에 더 가깝습니다. 책을 그저 쌓아만 두는 게 아닌, 일상에서 좀 더 가까이 끌어안고 싶습니다. 독서법을 바꾸면 책이 삶에 전해주는 지혜도 달라집니다. 육아와 일로 지친 하루에 독서로 삶의 여유를 찾고 싶은 분들과 '저는 이렇게 독서하고 있어요.' 〈나를 찾는 독서생활〉을 함께 나누고 싶습니다.

### { 내향 엄마의 슬기로운 육아 생활 }

뼛속까지 내향인. 저도 그 중 한 사람입니다. 가끔 친구들은 저에게 외향인 기질이 있다고 합니다. 그건 아마도 만난 사람들과 최대한 시간을 잘 보내기 위해 터득한 저만의 사회화 된 기술일 것입니다. 내향인 엄마에게 육아는 아이에게 자꾸 미안해지는 일이 많아졌습니다. 육아라는 세계는 아무래도 사람들과의 관계에서 얻어지고 배우는 에너지가 많습니다. 그래서 저는 스스로 더 부족하다고 느꼈습니다.

내향인 대표주자지만 그럼에도 자기비판 대신 내가 가진 모습 그대로를 인정하면서 슬기롭게 대처해가는 법 또한 육아로 배웠습니다. 나를 탐색하고, 관찰하고, 발견하는 일에는 역시 글쓰기가 최고였습니다. 내향인 엄마로 살면서 어떤 날에는 울적해졌고, 어떤 날에는 용기 낼 수 있었는지 기록한 글. 조용히 치열했던 육아의 현장을 저와 같은 내향인 엄마들과 소곤소곤 이야기 나누고 싶습니다.

## { 아이 책으로 고전 읽는 엄마 }

책은 좋아하지만 편식이 심한 편입니다. 자기 계발서, 가벼운 에세이로 나온 책은 '세상의 모든 책을 다 읽어버리겠다.'싶을 정도로 욕심을 부립니다. 소설은 유명하고 술술 읽히고, 재밌는 책만 골라 읽습니다. 가장 기피하는 분야가 바로 고전인데요. 고전의 '고'자도 모르면서 책 좋아한다고 말할 자격이 있는지 의심스럽습니다.

고전이라면 알레르기가 있는 제게도 드디어 기회가 생겼습니다. 고전에 한 걸음 가까이 가는 방법 중 하나는 바로 아이와 함께 고전 읽기입니다. 아이 책은 어른 책보다 글도 적고 그림까지 있으니 훨씬 읽기 쉬웠습니다. 아이에게 책도 읽어주면서 저의 부족한 부분까지 채울 수 있으니 아이와 고전 읽는 시간이 참 좋았습니다. 아이 책이라도 『박문수전』, 『한중록』, 『임진록』등 우리 문학 고전은 여전히 어렵습니다. 하지만 이제는 함께 읽는 어린 동료가 있으니 혼자만 중도 하차하기 힘든 상황입니다.

얼마 전엔 아이와 『플란다스의 개』를 함께 읽었습니다. 너무 유명한 작품이었지만 '개'가 주인공이라는 것만 알고 있을 뿐 작품을 제대로 읽어본 적은 없었습니다. 아이와 함께한 고전 읽기가 아니었다면 평생 저는 충직한 개와 소년의 아름다운 이야기를 만나지 못했을 것입니다. <u>한 장, 두 장 책을 넘기다 마지막 장을 덮으면서 '야호. 나도 고전 한 권 읽었다!'고 무언의 환호성을 외치는 엄마의 속마음을 아이는 모르겠지요.</u> 저처럼 고전 알레르기가 있는 엄마들과 함께 나누고 싶은 책 〈아이 책으로 고전 읽는 엄마〉입니다.

과거에 있었던 일은 현재에도, 미래에도 일어납니다. 인간사는 달라질 것 같지만 신기하게도 반복되고 또 반복됩니다. 시대가 변해도 인간의 본성은 변하지 않고 인간관계에서도 비슷한 문제가 발생하곤 합니다. 그렇기 때문에 아이들이 미래에 일어날 일을 대비하여 과거를 읽고, 이해하고, 생각해 보는 것은 중요합니다. 그러한 점에서 고전은 초등학생들에게 꼭 필요한 내용을 다룬다고 할 수 있습니다.

▸ 김민아, 『최소한의 고전 수업』중에서

『최소한의 고전 수업』은 아이와 고전 읽기를 하고 싶은데 무슨 책으로 시작해야 할지 모르겠는 분들에게 추천합니다. 초등학생이 고전을 읽으면 좋은 이유와 학년별로 추천하는 고전 로드맵도 소개됩니다. 잘 따라 읽으며 저도 아이와 함께 성장해야겠습니다.

# 글쓰기로 돈 벌기

> 진정한 작가라면 각각의 작품은 지금까지의 성취를 넘어서는 것을 해보려는 새로운 시작이 되어야 한다. 작가는 언제나 한 번도 해보지 않은 것이나 다른 이들이 시도하다 실패한 것을 해야 한다. 운이 따른다면 이따금 성공할 것이다.
>
> ▸ 어니스트 헤밍웨이

'작가로 살면 가난하다.', '돈 밝히는 작가는 본 적이 없다.'는 옛말처럼 작가의 이미지는 돈과는 상당히 거리가 멀어 보입니다. 슬픈 예감은 어김없이 들어맞듯 저도 작가로 돈을 벌지 못했습니다. 그래서 이번 〈글쓰기로 돈 벌기〉 챕터는 제게 글 쓸 권한이 더 없을지도 모릅니다. 현재 글쓰기로 돈 한 푼 벌지 못하고 있기 때문입니다. 따라서 이 글은 제가 돈 벌어 본 경험은 아니지만 이런저런 방법으로 '돈 좀 벌고 싶어요.'라는 저의 계획이자 여러분은 이 방법으로 '돈 많이 버세요.'라고 알려드리는 여러분과 저의 〈글쓰기로 돈 벌기〉 프로젝트입니다.

## { 인세 }

작가가 되면 기본적으로 인세 수입이 발생합니다. 보통은 책값의 8-10%로 책정됩니다. 15,000원짜리 책을 한 권 팔면 1,500원이 저자에게 돌아옵니다. 생계를 유지할 수 있을 정도의 인세 수입을 받으려면 대형 서점 베스트셀러 자리는 등극해야 가능하지 않을까요? <u>인세만 바라보며 돈 벌기를 기대하면 실망이 더 큽니다. 잊고 지내다 문득 들어온 인세에 그날 저녁엔 축제처럼 치킨 한 마리를 시켜 먹는 편이 더 현실적인 기쁨을 누리는 방법입니다.</u>

### { 원고료 }

책을 내고 이름이 알려지면 글이 필요한 곳에서 원고 청탁 문의가 옵니다. 신문 사설이나 잡지 인터뷰 등. 아무도 읽지 않는 사회라 해도 여전히 글이 필요한 곳은 많습니다. 우리가 꾸준히 글을 써야 할 이유이기도 합니다. 저도 오래전 시민 서포터즈로 활동한 적이 있는데요. 지역 행사에 관심도 갖고, 글로 지역 곳곳을 알릴 수 있는 기회도 생기고, 원고료까지 받을 수 있어서 뜻깊은 일이었습니다.

### { 강의 }

『엄마의 심야책방』을 내고 도서관에서 강의 제안이 왔습니다. 그 당시 저는 둘째 출산을 앞두고 있었고, 그 뒤로 연락도 없어서 무산되었습니다. 하지만 난생 처음 받아 본 강의 제안 연락에 '나 같은 사람도 책 한 권 썼다고 이런 기회가 생기는구나.' 놀라웠습니다.

자신의 강점을 찾아 강의 제안서를 만들어보는 건 어떨까요? 온라인 강의로는 클래스 101, 크몽, 세바시 랜드가 있습니다. 한 번 만들어 둔 영상은 꾸준한 판매로 수익을 올릴 수 있습니다. 오프라인 강의로는 도서관, 지역 행사, 문화센터, 북토크, 시청, 기업 교육팀, 정부기관 등이 있습니다. 강의 수입은 인지도에 따라 차이가 많습니다. 짧은 시간에 돈을 벌 수 있는 절호의 기회이기도 합니다. 남 앞에서 말하는 용기가 없는 저는 기회가 와도 덥석 잡지 못합니다. 하지만 꾸준히 글을 쓰는 작가가 되기로 했다면 꼭 한 번은 도전해 봐야 할 분야입니다.

### { 글쓰기 코칭 }

습득한 것을 가장 확실하게 아는 방법은 다른 사람에게 가르쳐 줄 때라고 합니다. 다른 사람을 코칭하면서 책 쓰기에 대해 몰랐던 부분은 채우고, 알고 있었던 건 더 확실하게 다지는 것이죠. 거기다 돈까지 벌 수 있다면 더없이 좋은 구조입니다.

저도 이번 책을 내고, 앞으로 더 많은 내공을 쌓게 되면 '책 쓰기를 소망하는 분들'에게 도움을 주고 싶습니다. 그 첫 번째 회원으로 남편을 타깃으로 잡고 싶습니다. 같이 작업하다 〈책 쓰다 이혼할 뻔〉이라는 책이 나오는 건 아닌지 모르겠네요. 〈11년 차 부부가 싸우고 화해하는 법〉처럼 공동저자로 책을 쓰는 방법도 있으니 희망의 끈을 놓지 않고 기회를 엿보겠습니다. 제 인생에서 가장 어려운 고객인 남편을 작가로 탄생시킨다면 다른 분들과 함께 할 책 쓰기 코칭도 용기를 얻게 될 것입니다.

이 책을 든 당신이라면 마음속 버킷리스트 어딘가에 '내 이름으로 된 책 한 권 쓰기'가 심어져 있을 것입니다. 어쩌면 지구별에 다녀간 흔적을 남기고 싶은 인간의 본능일지도 모릅니다. 누구나 책을 쓸 수 있는 시대가 왔다고 하지만 아직 제 주변에는 책을 쓴 사람이 없습니다. (저의 활동 범위가 워낙 좁긴 하지만요) 이 책을 읽은 저의 가까운 사람들부터 책 쓰기를 시작했으면 좋겠습니다. 예를 들면 저희 부모님이 살아온 이야기와 앞으로의 꿈, 동생을 비롯한 가까운 가족, 친구들의 이야기가 글이 되길 응원합니다. 그렇게 <u>제 주변에도 같은 길을 걸어가는 동료 작가들이 하나 둘 피어나길 소</u>

망합니다.

### { SNS }

한동안 제 책상 앞에는 "당신의 목소리를 들려주세요."라는 문장이 붙어있었습니다. 지금은 특정 사람만 소리를 내는 시대가 아닙니다. 언제 어디서나 나만의 소리를 만들고 표현이 가능한 시대에 살고 있습니다.

저는 그래서 유튜브를 시작했습니다. 유튜브에서는 구독자 수 1천 명과 영상 시청 4,000시간을 충족하면 수익창출이 가능합니다. 저는 요즘 『보통 엄마의 책 쓰기』 중 일부를 유튜브 영상으로 만들고 있는데요. 글로 한 번 쓰고 다시 영상 작업까지 두 배 이상의 시간과 에너지가 들어갑니다. 조회 수가 많이 나오는 주제도 아니라 지칠 때도 있습니다. 하지만 얼굴도 뵌 적 없지만 열렬히 응원해 주시는 몇몇 분들과 책 쓰기에 도움이 되어 고맙다는 댓글 덕분에 꾸준히 업로드 하는 중입니다. 여러분이 목소리를 낼 수 있는 공간은 많습니다. 나와 잘 맞는 곳을 찾아 꾸준히 자신의 소리를 남겨보세요.

인스타그램에서 물건을 잘 사는 편인데요. 예를 들면 피

부에 광이 난다는 화장품, 비염이 싹 없어진다는 면봉, 집안 분위기를 확 바꿔준다는 액자까지. 꽤 신박했던 아이템도 있고 괜히 샀다 싶은 쓰레기도 있었습니다. 저의 구매 성향을 보니 물건을 보고 사는 것보다 판매하는 사람을 보고 구매까지 이어지는 경우가 더 많았습니다. 인스타그램에서는 판매하는 물건 정보뿐만이 아닌 판매자의 라이프 스타일까지 엿볼 수 있습니다. 미니멀 라이프를 실천 중인 주부가 파는 밀대는 왠지 군더더기가 없어 보입니다. 아이들에게 사랑을 듬뿍 주는 엄마가 파는 곰탕은 왠지 믿고 먹여도 될 거 같습니다. 나를 보여주면서 다른 사람들과 신뢰를 쌓으면 내가 어떤 물건을 팔아도 믿고 사게 되는 효과를 얻을 수 있습니다.

오프라인 창업에는 초기 자본금이 필요하지만 온라인에서는 처음부터 큰돈이 들지 않으니 얼마든지 시작이 가능합니다. 나에게 좋은 것을 다른 사람과 나눈다는 마음을 가지고 시작한다면 분명 좋은 결과가 있을 것입니다.

### { 커뮤니티 }

독서나 글쓰기 커뮤니티를 만들어 활동하는 방법도 있습니다. 혼자 하기 힘든 사람들의 습관 형성을 이끌어주는 모임인데요. 커뮤니티의 가장 큰 장점은 취향이 같은 사람을 만날 수 있다는 점입니다. 다른 곳에서는 조용하게 있어도 자기가 좋아하는 분야에서 만난 사람들과는 쉽게 친해질 수 있습니다. 2-3시간 이야기를 나눠도 시간 가는 줄 모르는 진귀한 모습이 펼쳐질 것입니다. 자연스레 글 친구도 생길 수 있고요. 취향이 같은 사람들이 모인 친근한 소통 창구가 될 수 있다고 생각합니다.

저는 아직 커뮤니티에 참여해 본 적이 없습니다. 이번 원고를 마무리하고 1순위로 도전해 볼 일이 바로 커뮤니티 개설입니다. 모임명은 예전부터 생각해뒀는데요. 〈내향형 엄마들의 독서모임〉입니다. 저처럼 내향형이라 적극적인 모임 참여에 망설이는 엄마들과 책이라는 울타리에서 함께 자라나는 공간을 만들고 싶습니다. 엄마라는 자리에서 잠시 벗어나 책을 읽으며 문장 위에 쉬어가실 분. 서로 응원하며 마음을 나누고 싶은 분이라면 언제든 환영입니다.

### { 건강한 돈벌이 }

서두에도 말씀드렸듯이 글쓰기로 돈을 벌어보지도 못한 사람이 글을 쓰려니 남의 옷을 빌려 입고 뽐내는 것처럼 마음이 불편합니다. 자본주의 사회에서 누구나 돈 벌고 싶은 마음은 당연한 거고, 저도 마찬가지입니다. 그럼에도 돈벌이만을 위한 글쓰기를 추구한다면 그 끝은 피폐해집니다. 양질의 글쓰기를 꾸준히 하다 보면 돈도 저절로 따라오는 건강한 글쓰기 구조를 지향합니다.

## 무의식을 바꿔야 인생이 바뀝니다

성공은 결정적인 것이 아니고,
실패는 치명적인 것이 아니다.
중요한 것은 계속 나아가는 용기다.

▶ 윈스턴 처칠

자기 계발서 한 권을 읽고 나면 뭐든 할 수 있을 것 같은 착각에 빠집니다. 책 한 권도 뚝딱 써내고, 베스트셀러 작가도 되고, 월 천 만 원 자동 수입의 꿈을 이뤄 남은 인생을 여유롭게 즐기는 꿈을 꿉니다. 성공한 저자들처럼 성공 궤도 대열에 합류한 듯 마음이 부풀어 오릅니다.

'목표를 잡으라.'는 책을 읽고 인생의 꿈 지도를 그렸습니다. 지금부터 80세까지 꿈을 설계하고 세부적인 계획 몇 가지를 세웠습니다. 또 다른 책에선 '설정한 목표를 매일 100번씩 써야 한다.'고 말합니다. 100번까지는 못 쓰겠고, 매일 아침 10번씩 쓰며 하루를 시작했던 날도 있었습니다. '감사합니다.'를 매일 100번씩 외치라는 메시지를 읽고는 집에서도 길거리를 걸으면서도 계속 '감사합니다.'를 중얼

거렸습니다. 자잘한 노력이 쌓이면 인생이 달라질 줄 알았습니다. 아무리 책을 읽어도 자꾸만 제자리인 제 모습에 원망도 했습니다. '역시 난 안 돼. 나라는 사람이 뭐가 되겠어.' 자기 한탄에 빠지기도 했습니다. 차라리 아무 노력도 안 했더라면 변할 거라는 희망도 기대도 없었을 텐데요. 책을 막 읽었을 때의 열정은 그리 오래가지 않았습니다. 책을 읽어도 바뀌지 않는 삶, 부정적 감정에 사로잡혀 괴로워하는 저를 만날 때마다 힘들었습니다.

결국 '무의식을 바꿔야 인생이 바뀐다.'라는 뼈 있는 말을 직격타로 맞은 인생이었습니다. 저는 여전히 무의식을 바꾸지 못해 성공한 삶을 살지 못합니다. 긍정적인 사람도 되지 못했습니다. 여전히 불안하고 허둥지둥 어디론가 끌려다니는 삶을 살아갑니다. 하지만 조금 변한 점이 있습니다. 책에서 읽은 문장을 흡수할 때, 직접 그린 꿈 지도를 바라볼 때, 아침 긍정 확언을 내뱉을 때, 마음을 한 문장씩 써 내려갈 때, 어려움이 생길 때마다 긍정적인 방향으로 생각의 주파수를 돌릴 때. 무의식이 조금 더 나은 방향으로 채워진 저를 발견하게 됩니다. 그 작은 무의식들이 모여 남편을 존중하는 아내, 아이들을 사랑하는 엄마, 다른 사람에게 도움을 주는 글 쓰는 작가로 저를 움직입니다. 조금씩 변화된 저는 이제 있는 그대로 나의 모습을 믿어줄 수 있습니다.

가랑비에 옷소매 젖듯 조금씩 스며드는 무의식이 언젠가 저를 다른 사람으로 바꿀 수 있다는 믿음을 조금씩 채워갑니다. 더 양질의 책을 읽고, 자유로운 글쓰기를 하는 것. 이 두 가지를 다른 사람들과 나누고 소통하겠습니다. 여러분의 무의식도 긍정적이고 자신을 믿는 방향으로 채우시길 바랍니다. 인생은 자신을 믿어 주는 무의식으로 무엇이든 할 수 있습니다. 저에게 책 쓰기는 '나는 할 수 있다.'는 무의식을 심어준 최고의 자기 계발입니다.

## 내 꿈은 글 쓰는 할머니

> 봄이 속삭인다
> 꽃 피라
> 희망하라
> 사랑하라
> 삶을 두려워하지 마라
>
> ▸ 헤르만 헤세, 〈봄의 말〉 중

 임신을 하고 배가 나오면서 제법 임산부티가 나면 아기 용품을 사러 가거나 돌아다닐 때 '어머님'이라는 소리를 듣게 됩니다. 처음 들었던 '어머님'이라는 단어가 어찌나 낯설던지요. '엄마'는 되고 싶었지만 '어머님'이라고 불리고 싶지는 않은 이상한 기분이었습니다.

 어머님 이후로 제게 어울리지 않았던 단어가 또 있습니다. 바로 '작가'입니다. 역시 책은 쓰고 싶었지만 '작가'라고 불리고 싶지는 않은 이상한 마음이었지요. '어머니', '작가'라는 단어 안에는 지금의 저보다 훨씬 위대한 무언가 담겨 있어야 할 거 같았습니다. 저는 단지 아이만 가졌을 뿐이고, 글만 썼을 뿐인데, 어머니와 작가라는 이름이 붙으니 미리 주눅 들었나 봅니다.

엄마와 작가는 참 닮았습니다. 오랜 시간을 들여 내 안의 모든 것을 갈아 넣어 초고를 씁니다. 잘 다듬고 책 모양으로 만들어 세상에 내놓는 일. 엄마가 되고, 글쓰기를 시작하고, 작가가 되었던 저에게 두 단어는 제 인생에 터닝 포인트로 자리 잡았습니다. 한 권을 낳고, 또 한 권을 낳고, 이 책은 벌써 세 번째 자식이 되었습니다. 먼 훗날 제 꿈은 흰머리가 가득하고, 돋보기안경을 쓰고, 꼬부랑 허리가 될 때까지 책 읽기를 좋아하고, 글 쓰는 할머니가 되는 것입니다.

　글쓰기, 책 쓰기 관련 전문가는 많습니다. 저는 유명하지도 않고 전문가는 더더욱 아닙니다. 그저 책이 좋아 글을 쓰면서 뚜벅뚜벅 걸어가는 엄마 사람입니다. 크고 위대한 사람에게는 책을 쓸 자격이 충분히 생깁니다. 제가 글을 쓰는 이유는 그와 정 반대에서 찾았습니다. 유명하지 않아서 내 옆에 있을 것 같은 사람. 그래서 더 공감과 위로가 되는 사람. 그런 보통 사람의 자격으로 이 원고를 완성했습니다.

　세상에는 내가 할 수 있는 일보다 나는 '절대' 안 된다고 생각했던 일이 훨씬 많았습니다. 그중 하나가 '책 쓰기'였습니다. 책을 쓰면서도 '너 같은 게 무슨 책을 쓰냐고.' 스스로 발목을 잡았던 날이 많았습니다. 그만큼 힘들었던 책 쓰기를 완성하고 나니 '책도 썼는데. 뭔들 못 하겠어?'라는 단단한 자신감도 생겼습니다. 가장 중요한 건 자신이 진정으로 원하는 것을 찾아나가는 발걸음부터 떼야 한다는 점입니다. 매일 조금씩 꾸준히 발걸음을 옮기다 보면 '아. 내가 원하는 게 여기있었구나!' 싶은 순간이 분명히 옵니다.

할머니가 될 때까지 글 쓰는 사람으로 살아간다면 이번 생은 '참 잘 살았다.' 하고 편히 눈 감을 수 있을 거 같습니다. 후회는 있겠지만 아쉬움은 없어요. <u>늘 자료를 모으며 세상을 관찰하고 연구하고 공부하는 나. 배움이나 깨달음을 나만의 형태로 세상에 꺼내 표현하는 예술가로서의 나. 한 권의 책이 나오기까지 집중하고 끈기로 버틴 인내의 나. 출간된 책을 팔기 위해 홍보, 마케팅을 연구하는 소상공인으로서의 나까지. 이 정도면 책 쓰기로 도전해 본 것도 얻은 것도 많은 인생이라고 생각합니다.</u>

행복하게 나이 드는 할머니가 될 때까지 모두들 안녕하시길.

> 맺는 글

영원히 살 것처럼 꿈꾸고 오늘 죽을 것처럼 살아라

▸ 제임스 딘

\*

　1년에 2번 판매내역이 메일로 날아옵니다. 마치 중간고사 성적표를 받은 학생처럼 메일을 열기 전 '정산서'라는 제목만 봐도 긴장되고 떨립니다. 마흔이 넘은 어른이 되어도 떨리는 마음은 어쩔 수 없나 봅니다. 학생 때 받은 성적표는 공부를 덜 한 후회와 자괴감이 들어도, 푹 자고 일어나면 "엄마, 밥 줘." 하고 새로운 하루를 시작할 수 있었습니다. 책 판매 내역 정산서를 받은 날에는 이런저런 생각으로 잠을 이루지 못합니다. 피곤함에 눈을 뜨면 "엄마, 밥 줘." 하면서 저를 기다리는 아이들뿐입니다. 학창 시절 성적표에는 희망이 있었지만 어른의 정산서에는 절망뿐이었습니다.

숫자를 보고 또 봅니다. 판매 부수가 보여주는 것은 마치 제가 또 글을 쓸 수 있는 확률을 말해주는 것 같습니다. 매일은 '아이고. 네 성적이 이 모양인데 또 쓴다고? 이제 그만하지 그래?'라면서 제 귀에 속삭입니다. '보통 엄마도 책 쓸 수 있다고.', '우리 같이 책 쓰기 하자고.' A4 100 페이지가 넘게 쓰고 외치다가 하루아침에 '저는 그런 사람이 아닙니다.'하면서 돌아서는 제 모습이 너무 초라해 보입니다.

생각은 꼬리에 꼬리를 물고 제 원고를 선택해 주신 출판사에도 죄송스러운 마음이 생깁니다. 일단 만들어 둔 책이라도 처리를 해야 할 텐데. 마치 제 아이들 맡겨둔 것 마냥 마음이 불편해집니다. 지금처럼 글만 쓰고 있을 때가 아닌 것 같습니다. 어디라도 가서 다른 일을 찾아야 할 것 같습니다. 글쓰기만 아니면 되겠지요. 일방적인 짝사랑은 언제나 끝이 있듯 말이지요.

여기까지가 어젯밤 정산서를 확인하고 저를 짓누르던 생각입니다. 악몽까지 꾸면서 잠을 잔 듯 안 잔 듯 밤을 지새웠습니다. 길고 어둡던 밤이 지나고 아침에 다시 글쓰기 책상에 앉아 키보드를 두드립니다. 저는 '책 쓰기' 책을 쓰고 있는 사람이었고, 어젯밤 판매 정산서에 잠시 무너졌었고, 오늘 아침엔 새로운 해가 뜨듯 다시 새 마음으로 앉아 글을 쓰고 있습니다. 어젯밤 무너졌던 저와 오늘의 새로운 마음을 장착한 저를 여과없이 그대로 여러분께 보여드리고 싶었습니다.

제가 만약 처음부터 글쓰기 능력이 뛰어난 타고난 작가였다면, 첫 책부터 베스트셀러가 된 유명 작가였다면 절대 해 줄 수 없는 이야기. 옆집에 사는 초보 무명작가 언니에게도 분명 저만이 담을 수 있는 리얼 스토리가 있을 거라고 생각했습니다. 세상에 저 같은 사람도 있어야 실패하고, 부끄럽고, 서러운 이야기도 서로 함께 나눌 수 있겠지요. 그래야 또 새로운 마음으로 다시 하루를 버티며 살아갈 누군가도 있을 테니까요.

먼 훗날엔 '그래. 슬픔으로 가득했던 밤도 있었지. 고등학교 성적표와 마흔한 살의 책 판매 내역을 받았던 그날.' 아프고 아름다웠던 흐릿한 기억으로 남아 있겠지요. 어제는 세상에서 가장 깊은 곳으로 숨고 싶었던 제 마음이 오늘은 다시 반듯하게 자리를 잡고 앉아 이 원고의 마침표를 찍으려 합니다. 그런 저에게 "고생 많았고, 끝까지 써줘서 고맙다."라는 칭찬 한 마디 해주고 싶습니다. 제 글쓰기가 많은 사람들에게 기쁨이 되지 못하더라도, 저 자신에게만큼은 커다란 기쁨이었고 의미 있는 일이었으니까요. 마지막으로 모든 순간 함께하시는 하나님 감사합니다. 우리 가족, 친구들 사랑합니다. 원고 함께 다듬어 주신 편집장님 고생 많으셨습니다.

제 글을 끝까지 읽어주시고, 마음 한 켠에 벌써 첫 문장을 써 내려가는 여러분에게 "잘 하고 있다고, 지금처럼 내일 또 한 걸음 나아가시라고." 꼭 말씀드리고 싶습니다. 당신의 책 쓰기를 천천히 오래도록 응원하겠습니다. 감사합니다.

publisher    instagram

# 보통 엄마의 책 쓰기

**초판 발행** 2025년 7월 17일
**지은이** 김미선
**펴낸이** 최대석 **펴낸곳** 행복우물 **출판등록** 307-2007-14호
**등록일** 2006년 10월 27일
**주소** a1. 서울특별시 종로구 종로1길 50 더케이트윈타워 B동 위위크 2층
   a2. 경기도 가평군 경반안로 115
**전화** 031-581-0491
**전자우편** book@happypress.co.kr
**정가** 17,500원   **ISBN** 979-11-94192-36-7(03810)